Dem Herzen nahe

Jörg Zink

Dem Herzen nahe

Ein spirituelles Lesebuch

Eschbach

Bibliografische Information Der Deutschen Bibliothek
Die Deutsche Bibliothek verzeichnet diese Publikation in der
Deutschen Nationalbibliografie; detaillierte bibliografische Daten sind
im Internet über http://dnb.ddb.de abrufbar.

ISBN 3-88671-244-3
2. Auflage 2003

Im Alten Rathaus · Hauptstr. 37 · D-79427 Eschbach/Markgräflerland

Konzeption, Textauswahl und Redaktion:
Martin Schmeisser, Verlag am Eschbach.
Umschlagbild: Max Hunziker (1901–1976), „Rose“, 1963
(Lithographie zu: Matthias Claudius, An meinen Sohn Johannes),
mit freundlicher Genehmigung von Gertrud Hunziker-Fromm, Zürich.
Gestaltung: Ulli Wunsch, Wehr.
Satz und Druck: B&K Offsetdruck GmbH, Ottersweier.
Verarbeitung: Großbuchbinderei Josef Spinner, Ottersweier.

Inhalt

Das Jahr begrüßen

Den Tag bestehen

Mitgehen

Achtsam leben

Über Grenzen hinausdenken

Einem neuen Anfang trauen

zum guten Schluß

Das Jahr begrüßen

Geh mit Vertrauen über die Schwelle

Es war irgendwo in einem Hotel. Ich kam spät in der Nacht und betrat mein Zimmer. Gedämpftes Licht kam aus einer Lampe in der Ecke, die Balkontür stand offen. Draußen war nichts zu erkennen. Es war stockfinstere Nacht. Ich konnte nicht einmal sehen, ob draußen ein Balkon war oder ob ich, wenn ich den Schritt über die Schwelle setzte, fünf Stockwerke tief abstürzen würde. Ich tastete mit dem Fuß hinaus und trat auf einen unsichtbaren, aber festen Balkon.

Die Sache mit dem Balkon fällt mir ein, wenn ich über den Schritt in ein neues Jahr nachdenke. Man verläßt einen Raum, geht durch eine Tür ins Dunkel und verläßt sich darauf, daß auch der nächste Schritt Halt findet. Denn noch ist nicht zu sehen, wohin man tritt.

Nun sagt der alte Segensspruch „Der Herr behüte deinen Ausgang und Eingang“ (Psalm 121, 8): Geh mit Vertrauen über die Schwelle. Du betrittst ein neues Jahr „des Herrn“. Du wirst behütet sein, wenn du das alte verläßt und wenn du das neue betrittst. Was aber ist denn die Gefahr beim Schritt über die Schwelle, daß es so nötig erscheint, behütet zu werden?

Wer ein Jahr verläßt, versucht wegzulegen, was gewesen ist. Vielleicht auch, es zu vergessen, es zu verdrängen, zu entschuldigen. Vielleicht klagt er sich selbst an, vielleicht wirft er Gott vor, es hätte alles nicht so laufen dürfen. Vielleicht zieht er resigniert die Summe: Wieder ist nichts gewesen. Und vielleicht sagt er am Ende, nachdem er sechzig oder siebzig mal die Schwelle der Jahre überschritten hat: Das also soll nun das Leben gewesen sein! Der Herr, so sagt der Segensspruch, behüte dich vor all dem, so daß du dein Jahr dankbar und gelassen ihm in die Hand legen kannst.

Wer ein neues Jahr betritt, hat mit Sorge zu tun, mit Angst, aber auch mit der Fülle seiner Pläne, seiner guten Vorsätze. Vielleicht auch mit seinem allzu naiven Selbstvertrauen: Ich werde es schon schaffen! Oder mit der Versuchung, sich im neuen Jahr in der Angst vor allzu vielen gefahrbringenden Mächten totzustellen, damit keiner ihm etwas tut. Der Herr, so sagt der Segensspruch, behüte dich vor all dem. Du darfst Tag um Tag mit Vertrauen aus seiner Hand nehmen, was kommt, gelassen, fast ein wenig fröhlich, – wenn es denn ein Grund zur Fröhlichkeit ist, daß du dich um den Sinn deines Lebens nicht zu sorgen brauchst.

„Der Herr behüte deinen Ausgang und Eingang“, nicht nur heute und morgen, sondern „von nun an bis in Ewigkeit“. Ein Jahreswechsel ergreift uns auch aus dem Grunde so elementar, weil er etwas an sich hat von jenem Übergang, den wir den Tod nennen, dem Übergang von der „Zeit“ in die „Ewigkeit“.

Wir reden ja als Christen von der Auferstehung und vom ewigen Leben. Aber mir scheint, immer weniger Menschen stellten sich, was sie damit meinen, wirklich konkret vor. Ist die Auferstehung ein „Symbol“, ist sie ein anderer Ausdruck für irgendeinen Sieg des Lebens hier auf dieser Erde? Stellen wir uns noch vor wie die Christen zur Zeit des Paulus, daß wir das Gehäuse unseres Körpers verlassen und in neue Gestalt jenseits der Schwelle weitergehen in andere Räume und Dimensionen und daß wir, wie wir hier die Gemeinschaft unter den Menschen verlassen, unmittelbar hinter der Tür neuen Begegnungen entgegensehen? Ich meine, wir sollten den Mut finden, den unsere Kirche so weithin verloren hat, von der Begegnung mit Christus unmittelbar hinter der Tür, beim Eingang in die andere Welt wieder so konkret zu sprechen, wie man von ihr gesprochen hat, ehe das Christentum vor dem Materialismus dieser Zeit kapitulierte.

Christus sagt: „Ich bin die Tür.“ Die Tür zwischen den Jahren. Die Tür zwischen diesem Leben und jenem Leben, zu dem ich dich rufen werde. Er behüte uns – beim Ausgang aus dieser Zeit und beim Eingang in die Ewigkeit. Er behüte uns vor unserer Schuld und vor unserer Angst, so daß wir nicht einen nachtschwarzen Abgrund vor uns sehen, sondern ihn, Christus, der uns begegnet. Ich selber muß gestehen, daß ich sehr gespannt bin, was ich sehen werde, wenn mir auf dieser Erde irgendwer die Augen zugedrückt haben wird. Ich vertraue darauf, daß dann einer, den ich kenne, der Herr, meinen Ausgang und Eingang behüten wird.

Was ich Ihnen zum neuen Jahr wünsche

Durch die ganze Festzeit haben uns gute Wünsche begleitet, und nun begleiten uns allerlei Wünsche von Freunden, Kollegen oder Verwandten ins neue Jahr. Wünsche sind, wenn man sie ernst meint, Kräfte, und es lohnt sich schon, darüber nachzudenken, was wir wirklich brauchen. Was soll ich Ihnen also wünschen?

Soll ich Ihnen beispielsweise wünschen, daß plötzlich der große Reichtum über Sie hereinbricht? Daß Ihnen irgendwo im Wald die gütige Fee begegnet, die Sie mit Gold überschüttet oder wie immer in den Märchen oder im Fernsehen sich die Wunder abspielen? Sicher nicht. Aber daß Sie haben, was Sie und die Ihren brauchen, das wünsche ich Ihnen.

Ich wünsche Ihnen nicht, daß Sie in feinere Kreise kommen oder von einer Prinzessin träumen. Das löst weniger Probleme als man denkt. Aber daß Sie gedeihen und gesegnet sind und am Ende das werden, was Gott mit Ihnen gemeint hat.

Ich wünsche Ihnen nicht, daß Sie einsam und ungestört auf einer sonnigen Insel leben dürfen, auch wenn sich das mancher immer einmal wieder wunderbar vorstellt – ich auch. Ich wünsche Ihnen im Gegenteil, daß Menschen um Sie her sind, nette und andere, hilfreiche und störende und vor allem solche, die Ihre Hilfe nötig haben.

Ich wünsche Ihnen nicht, daß Ihnen das neue Jahr alle Tage Ferien bringt oder daß sie als strahlendes Glückskind durch die Welt laufen und die

Menschheit bewundernd vor Ihnen auf den Knien liegt. Aber daß Ihnen immer wieder etwas Schönes gelingt und vor allem, daß Sie den Menschen finden oder behalten, der Sie liebt und den Sie lieben.

Ich wünsche Ihnen nicht, daß Sie ein vollkommener, fehlerfreier Mensch werden. Aber daß Sie mit allem, was ungenau und krumm an Ihnen ist, von der Freundlichkeit Gottes umgeben sind.

Ich wünsche Ihnen nicht, daß Sie unberührt bleiben sollen von Schmerz und Trauer, unberührt auch von den Schicksalen anderer Menschen. Aber daß Ihr Schicksal tragbar ist und Sie es aus Gottes Hand nehmen können und sich ihm anvertrauen, das wünsche ich Ihnen.

Aber nun würde ich doch gerne noch wissen, was sich das neue Jahr umgekehrt von Ihnen wünschen darf. Was werden Sie tun? Ich meine nicht für sich selbst, sondern über Ihre persönlichen Interessen hinaus. Es werden ja drei Themen sein, die uns durch das neue Jahr begleiten werden und die alle wichtiger sind als Ihr und mein persönliches Ergehen: Der Friede zwischen den Völkern, die Gerechtigkeit zwischen den Reichen und den Armen dieser Erde und der Schutz der Schöpfung vor uns Menschen.

Und da wünsche ich Ihnen nicht so sehr, daß die anderen Sie in Frieden lassen, wohl aber, daß es Ihnen gelingt, im Großen oder im Kleinen, etwas für den Frieden unter den Menschen zu tun.

Ich wünsche ihnen nicht, daß Sie in allen Fällen Ihr Recht durchsetzen. Wohl aber, daß Sie sehen, wo heute Gerechtigkeit geschaffen werden muß.

Ich wünsche Ihnen nicht, daß Sie in einer Nische leben dürfen, in der die Welt noch heil und schön ist, sondern daß Sie etwas tun, damit auch unsere Nachkommen noch eine Welt vorfinden, in der sie leben können.

Nicht, daß Sie eine Heilige werden sollen oder ein Heiliger – das ist nicht Ihre Aufgabe –, wohl aber, daß Sie tun, was in Ihren Kräften steht – und das ist mehr als Sie denken –, damit es sich um die Jahre lohnt, die Sie auf dieser Erde zubringen. Wenn Sie dann hören, was Gott Ihnen sagt: Es ist ein Weg da. Geh ihn. Ich bin bei Dir – ich wüßte nicht, was Ihnen im Ernst fehlen sollte.

Es gibt einen alten irischen Reisesegen, den ich sehr liebe und den ich Ihnen ins neue Jahr mitgeben möchte. Er lautet:

Möge dein Weg dir freundlich entgegenkommen.
Möge die Sonne dein Gesicht erhellen.
Möge der Wind dir den Rücken stärken
und der Regen um dich her die Felder tränken.

Und bis wir zwei, du und ich, uns wiedersehen,
möge der gütige Gott dich in seiner Hand halten.

Ich wünsche Ihnen ein gesegnetes Jahr.

Wo das Glück beginnt

Ich bin in diesen Tagen damit beschäftigt, denen zu antworten, die mir zum neuen Jahr Glück gewünscht haben, nicht nur auf vorgedruckten Karten, sondern viele auch in langen, persönlichen Briefen. Das ist eine reizvolle Aufgabe, denn immer bedeutet dabei das Wort Glück wieder etwas anderes, je nachdem, was dem Schreiber wichtig war.

Und es ist ja wichtig, daß wir glücklich sind. Ein glücklicher Mensch ist freundlicher, er ist gütiger, er ist sogar schöner. Es geht mehr Frieden von ihm aus, vielleicht sogar mehr Weisheit. Aber was ist Glück?

Wir wünschen einander Gesundheit oder Erfolg oder Anerkennung und stellen uns vor, das Glück komme von außen auf uns zu wie das große Geld aus dem Lottotopf. Aber damit beginnt schon die Schwierigkeit, denn um Glück erleben zu können, muß man ein Mensch sein, der überhaupt fähig ist, etwas zu erleben, ein Mensch mit offenen Augen und Ohren und mit einem lebendigen Herzen. Alles Glück beginnt ja innen, und die Tür zum

Glück geht von innen nach außen auf. Wer durch Liebe glücklich werden will, muß selbst lieben können. Was außen gelingen soll, muß innen beginnen, und nichts gedeiht um mich her, das nicht in mir angefangen hat, zu gedeihen.

Wir könnten uns also bei nächster Gelegenheit nicht so sehr das Glück wünschen, als vielmehr die Fähigkeit zum Glück, sonst wird aus den Glückwünschen nicht viel werden. Wenn wir aber das Glück gefunden haben, dann wachsen uns Kräfte zu, und am Ende besteht der Sinn des Glücks in der heilenden und behütenden Kraft, die von uns ausgeht.

Es ist deshalb nicht sonderbar, sondern fast selbstverständlich, wenn Jesus sagt: Selig, das heißt auf die Dauer glücklich, seien die Barmherzigen, die Geduldigen, oder die sich für Gerechtigkeit einsetzen, die fähig sind, zu leiden oder mitzuleiden. Glücklich sind, die für die Klage eines Verzweifelten ein Ohr haben, für das wortlose Elend ein Auge, für hilflose Schwäche eine zufassende Hand. Ihnen wird einfallen, wozu sie auf der Welt sind.

Glücklich sind, die Schutz geben, auch wenn sie selbst ohne Schutz sind, die Raum schaffen, auch wenn sie selbst ihre Grenzen haben. Oder die den Streit beenden, auch wenn sie ihre Ziele nicht erreichen. Sie werden dabei dem Bild ähnlicher, zu dem sie bestimmt sind. Und sie brauchen sich um ihr Glück nicht zu ängsten. Es fällt ihnen zu, sagt Jesus.

Es fällt uns ohnedies alles Entscheidende zu. Wenn ich einen Menschen finde, den ich lieben kann, dann fällt mir eine Gnade zu. Alle Bewahrung ist Gnade und alle Erfüllung. Indem ich diese Gnade weitergebe, bin ich glücklich. Dann aber endet das Glück auch dann nicht, wenn ich alt werde und meine Kraft abnimmt. Und das beständige Glück wird am Ende darin bestehen, daß ich mich dem anvertraue, von dem alles kam.

Die Äthiopier sagen: „Wende dein Gesicht zur Sonne, dann fallen die Schatten hinter dich."

Ich wünsche Ihnen ein gesegnetes Jahr, die Fähigkeit zum Glück und Glück zum Weitergeben.

Innere Inventur

Nach den ersten zwei Wochen sind wir schon so weit im neuen Jahr, daß wir uns daran gewöhnen konnten. So weit, daß wir Zeit hatten, viele gute Vorsätze zu fassen, noch nicht ganz so weit, daß wir sie alle schon wieder hätten vergessen können, wahrscheinlich auch schon so weit, daß wir die ersten Enttäuschungen damit erlebt haben, aber vielleicht noch nicht ganz so weit, daß wir sie schon verwunden hätten.

Wir sind in diesen Tagen, in denen landauf landab in langen Abendstunden Inventur gemacht wird, vom alten Jahr schon so weit entfernt, daß wir ganz ohne die Sentimentalität der Neujahrsnacht fragen können, was uns denn unsere guten Vorsätze vom vergangenen Jahr eigentlich eingebracht haben. Diese Art von Inventur ist deshalb wichtig, weil man die Achtung vor sich selbst nicht auf die Dauer bewahren kann, wenn man sich daran gewöhnt, seine eigenen Entschlüsse alsbald wieder fallen zu lassen.

Sie wollten doch, als Sie sich zum neuen Jahr etwas vornahmen, daß Ihnen Ihr Leben an irgendeinem Punkt besser gelingt, oder daß Sie das Glück, das Ihnen zugefallen ist, nicht wieder verlieren, oder daß Sie mit sich selbst besser zurechtkommen. Und das ist sinnvoll, auch wenn man sagt, die guten Vorsätze seien ein vorzüglicher Straßenbelag auf dem Weg zur Hölle. Sie könnten ja auch einmal für einen ganz normalen Weg auf dieser Erde brauchbar sein.

Nun ist die Bibel ganz gewiß nicht arm an moralischen Zumutungen, aber sie sagt merkwürdigerweise, der Sinn unseres Lebens hänge gerade nicht an der Arbeit, die wir an uns selbst leisten. Sie unterscheidet zwischen der Leistung und der Frucht unseres Lebens, – und das ist wichtig, wenn Sie bei sich selbst Inventur machen wollen. Leistung – das ist, was Sie aus Ihrem Leben machen. Frucht – das ist, was ohne Ihr Zutun dabei herauskommt. Und das zweite, sagt die Bibel, ist das wichtigere.

Sie sagt: Jawohl, es gehört zu einem redlichen Menschen, daß er sich selbst kontrolliert, an sich arbeitet und sich seine Unarten abgewöhnt. Aber wenn es um den Sinn dieses ganzen Lebens geht, dann sagt sie: Schau dir einen Baum an! Einen Baum, der wurzelt, wächst, sich ausbreitet, Licht aufnimmt und Regen, – und an dem dabei, ohne daß er viel dazu tun müßte, Frucht wächst. Einen Baum – wie der Psalm 1 sagt –, gepflanzt an den Wasserbächen, der seine Frucht bringt wie von selbst, wenn es Zeit ist. Seine Blätter verwelken nicht und was er tut, das gerät wohl. Dieses Wurzeln und Stehen, dieses Abwarten, Empfangen und Fruchttragen in der Balance zwischen Leisten und Stillhalten nennt sie den Glauben.

Es ist gut, wenn Sie sich selbst gegenüber mit Ihren Forderungen ein wenig härter sind als man es heute gewöhnlich ist, aber Sie werden nach einer guten Zeit der Vorarbeit verstehen, wie barmherzig die Bibel mit uns umgeht, wenn sie von unseren Erfolgen auf diesem Gebiet nicht den Sinn und die Erfüllung unseres Lebens abhängig macht. Denn Sie sollen ja nicht in erster Linie ein guter Mensch werden, auch nicht ein heiliger, sondern ein gesegneter, von dem Segen ausgeht.

Es gibt keinen anderen Weg, das Unerträgliche zu ertragen, das Unverständliche zu verstehen und das Furchtbare nicht zu fürchten und dabei mit weniger Anstrengung mehr zu leisten, mehr zu sein und zu geben – an Liebe, an Hilfe und Rat, an Beistand für andere. Und wenn Ihnen das Ergebnis Ihrer inneren Inventur Kummer macht, oder wenn Sie sich selbst oder andere Leute Sie an Ihren moralischen Mißerfolgen messen, sollen Sie wissen, daß Gott andere Maßstäbe hat. Er will, daß Sie die Erfüllung Ihres Lebens darin finden, daß Sie seinen Segen annehmen – und weitergeben.

Den Tag bestehen

Die Eiligen und die Gelassenen

Als es wieder einmal, wie so oft, in der Morgenfrühe in einem Hotel eilig und hastig zuging, als man wie üblich seinen Kaffee hinunterstürzte, um ja rechtzeitig irgendwo zu sein, bemerkte ein Afrikaner: „Der Eilige und der Gelassene treffen sich an der Fähre."

Wo treffen sie sich? fragte einer. An der Fähre, wiederholte der afrikanische Geschäftsmann, und erzählte aus seiner Heimat. Da gehen die Menschen in der Morgenfrühe einen langen Weg vom Dorf in die Stadt, durch Grassteppen und Buschwerk. Nach einer Stunde Weg kommt ein Fluß, und über den Fluß führt keine Brücke, sondern eine Fähre, ein altes eisernes Ding aus der Kolonialzeit.

Wenn nun hundert Menschen diesen Weg gehen, Alte und Junge, Schnelle und Langsame, wenn da die Jungen den Alten vorauslaufen und der Behinderte am Ende bleibt – an der Fähre treffen sie sich wieder. Die nimmt sie alle zur gleichen Zeit hinüber ans andere Ufer. Der Eilige und der Gelassene treffen sich an der Fähre.

Mir fielen die schnellen Wagen auf unseren Straßen ein, die sich manchmal mit zehn lebensgefährlichen Überholmanövern einen Vorsprung von einer halben Minute einhandeln. Und mir fielen die eiligen Zeitgenossen ein, die keine Minute versäumen, in der sie aktiv und tätig sein können, und die mit ihrem Leben nichts mehr anzufangen wissen, wenn es einmal nichts mehr zu tun gibt. Der Ungeduldige und der Gelassene treffen sich an der Fähre.

Ich weiß, daß eine deutsche Großstadt nicht Afrika ist und eine Einkaufsmeile keine Grassteppe. Und ich habe selber einen Beruf, in dem ich meine Termine einhalten muß; auch einhalten will, denn schließlich wartet fast immer ein anderer Mensch, wenn einer unpünktlich ist.

Aber wenn Sie die Menschen über längere Zeit beobachten, die Eiligen und die Gelassenen, die einen, die nie Zeit haben, und die anderen, bei denen auch ein wenig Luft dazwischen bleibt, dann fällt Ihnen vielleicht doch auch im schnellen Leben einer Großstadt die Sache mit der Fähre ein. Da höre ich dann die Leute, die mir sagen: Nun habe ich meine Position. Nun habe ich meine Eigentumswohnung. Nun habe ich meine Pensionsberechtigung. Nun habe ich meine Kinder aus dem Haus. Und jetzt? Was soll's? Was ist nur der Sinn der ganzen Hetze gewesen? Worauf soll's hinaus? Was soll am Ende herauskommen?

Auf die Länge der Zeit sind die Gelassenen die Stärkeren. Die Gelassenen, das heißt doch: Die, die auch einmal etwas lassen können, was sie auch tun könnten. Der erste sieht Geld, das er verdienen könnte, und sagt sich: Ich muß es nicht verdient haben. Der zweite sieht eine Beförderung, die er erreichen könnte, und sagt sich: Das muß nicht sein. Wenn ich dafür meine ganze Zeit und Kraft und die meiner Frau und was weiß ich noch dazu in meine Karriere investieren soll, muß es nicht sein. Der dritte merkt, wie die Erlebnisse spärlicher werden und wie er den Erlebnissen nachrennen muß, wenn er noch welche genießen will – und sagt sich: Diesem und diesem Erlebnis muß ich nicht nachgerannt sein. Er ist der Stärkere, und zwar deshalb, weil er das sinnvolle Leben, nach dem ein anderer sich die Lunge herausrennt, ohne es zu finden, unmittelbar vor sich hat.

Wer etwas lassen kann, wer nicht krampfhaft festhält, dem liegt, was er zuletzt brauchen wird, ungefährdet in der Hand. Wer sich nicht mit aller Kraft behaupten muß, hat seine Kraft für Besseres frei. Wer sich nicht mehr angestrengt um eine gute Haltung bemühen muß, braucht zum Stehen weniger Kraft. Wer nicht mehr gezwungen ist, etwas darzustellen, der ist dafür etwas: nämlich er selbst. Er ist, sagt die Bibel, so gesichert, daß er sich nicht mehr zu verteidigen braucht. Er braucht nicht ständig darauf zu horchen, ob die anderen ihn bejahen. Er ist bejaht. Er kann gelassen sein, weil er weiß, auf wen er sich verläßt.

Sie wissen selbst, daß das nicht heißt, man solle sich gehen lassen. Es heißt auch nicht, man solle trödeln. Aber es heißt auf alle Fälle, daß man sich von der Hetze nicht ein Leben lang langsam auffressen lassen soll, bis am Ende nichts Lohnendes mehr da ist.

Denn was den Sinn dieses ganzen Lebens betrifft, so treffen sich die Eiligen und die Gelassenen eben – wie gesagt – an der Fähre. Und dann wird man sich fragen, wer von beiden das menschlichere, das sinnvollere Leben gehabt hat.

Ich sehe dich

Guten Morgen. – In der Tat, ich wünsche Ihnen einen guten Morgen. Der Ausdruck geht uns allen ja sehr leicht und gewohnheitsmäßig vom Munde, und es ist nicht so zufällig, daß man der Einfachheit halber nur noch „Morgen" sagt.

Vielleicht müßte man einander einmal etwas sagen, das man nicht gewöhnt ist. Ein Morgengruß, von dem ich unlängst hörte, kommt aus einem sehr fernen Land der Dritten Welt und lautet: Ich sehe dich. Ich sehe dich, mein Bruder. Ich sehe dich, meine Schwester. So grüßt man sich dort am Morgen.

Man kann ja „Guten Morgen" sagen, ohne sich anzusehen. Man kann seinen Kindern einen guten Morgen wünschen, während man die Zeitung liest, man kann es zu Nachbarn im Treppenhaus sagen und an ganz andere Dinge denken. Man kann es in der Straßenbahn sagen, weil da einer steht, der jeden Morgen die gleiche Strecke fährt. Es sagt nicht so schrecklich viel, wenn man sich bei uns begrüßt.

Nun, in jenem Volk Afrikas sagt man: Ich sehe dich. Vielleicht lernen die Leute dort von uns Europäern, daß man auch diesen Gruß sagen kann, während man in die Zeitung starrt. Aber zunächst steckt doch eine ganze

Menge darin. Ich wüßte keinen besseren. Ich wüßte auch keinen christlicheren. Ich sehe dich, Nachbar. Ich sehe dich, Kollege.

Man braucht das nicht laut zu sagen. Der Nachbar würde vermutlich finden, es sei in unserem Kopf etwas nicht mehr so richtig. Aber man kann es denken. Man würde vermutlich mehr sehen als sonst. Man könnte einen Menschen entdecken, der schlecht geschlafen hat, vielleicht einen, der krank ist und es nicht sagt, vielleicht auch einen, der Angst hat, obwohl er so sicher wirkt.

Wer sieht eigentlich noch wen? Mancher Mann sieht kaum mehr, mit was für einer Frau er eigentlich verheiratet ist. Mancher Lehrer sieht seine Kinder und sieht doch nur eine Klasse. Mancher Chef sieht seinen Angestellten bei der Einstellung zum ersten und zum letzten Mal aufmerksam ins Gesicht.

Vor einiger Zeit las ich in einer Zeitschrift einen Artikel mit der Überschrift: „Hilfe, ich bin unsichtbar." Das war der Notschrei eines der ungezählten Menschen, die niemand wahrnimmt, niemand kennt, niemand liebt, niemand heiratet, auf die niemand Rücksicht nimmt. Hilfe, ich bin unsichtbar. Ich weiß viele, die diesen Notschrei nachschreien könnten.

Ich kann Sie, liebe Leserin, lieber Leser, nicht sehen und Sie mich auch nicht. Es ist überhaupt eine schwierige Sache damit. Vielleicht kann man das Sehen aber auch lernen, wie man das Hören lernen kann und das Rücksichtnehmen und das Lieben.

Als einer, von dem die Bibel erzählt, einmal völlig isoliert dastand und nicht mehr vor und nicht mehr zurück konnte, am Ende mit seinen Chancen und mit seinen Hoffnungen, sagte er: „Du, Gott, siehst mich." Vielleicht ist das der Anfang. Sich deutlich machen, daß man selbst gesehen ist. Nicht von Menschen. Von Gott. Und dann hingehen und ein sehender Mensch werden. Einer, der nicht mehr auf sich selbst und auf sein Schicksal fixiert ist, sondern frei, um zu sehen.

Sehen: den fremden Arbeiter, der an der gesperrten Straßenecke die Straße aufhackt; den Wachtmeister an der Kreuzung, der einem hilft, lebendig ins Büro zu kommen; die Zeitungsfrau, die morgens zuverlässig vorbeikommt; aber auch das unbekannte schwarze Mädchen, das den Kakao erntet, den wir heute miteinander trinken.

Sie können nun natürlich sagen: Das ist dummes Zeug. Was gehen die mich an? Aber sie sollten dann dem anderen Menschen oder gar dem lieben Gott keinen Vorwurf machen, wenn Sie in einer Welt leben, in der Sie niemand sieht. Scheinbar. Denn einer nimmt sie auf alle Fälle wahr. Der Gott, der sieht, und in dessen Schutz ich Sie für diesen Tag befehlen möchte, damit Sie einen guten Morgen haben.

Über der Zeitung beten

Man kann sehr darum streiten, ob es gut ist, daß das erste geistige Futter, das wir am Morgen zu uns nehmen, die Zeitung ist. Vielleicht wären wir besser bedient, wenn wir ein einzelnes gutes und wichtiges Wort lesen würden, über das es sich lohnen würde, zehn Minuten nachzudenken.

Aber es geht mir wie Ihnen. In der Regel kommt einem als erstes die Morgenzeitung in die Hand, und dann liest man sich fest – an lauter Nachrichten, die man nach einer Stunde wieder vergessen hat. Oder an Nachrichten, die einem im Grunde gar nichts angehen. Hin und wieder etwas Wichtiges. Aber was soll man damit anfangen?

Wirklich, was soll man damit anfangen? Früher sprach man beim Aufstehen ein Morgengebet oder las eine Zeile aus der Bibel. Das ist für die meisten Menschen verloren. Was dann? Was soll einer beten, der die kleinen Sensationen von nebenan oder die großen aus der weiten Welt zu sich nimmt? Mir geht es immer wieder so, daß ich in der Zeitung das finde, über das es sich lohnt zu beten.

Ich lese da: „Rentner lag drei Tage hilflos in seiner Küche." Und mir fallen alle die Verlassenen in unseren Städten ein, denen niemand antwortet, wenn sie rufen. Indem ich für sie bete, werde ich selbst aufmerksamer, und vielleicht höre ich dann besser, was laut oder leise um mich her gerufen wird.

Ich lese: „Geld wie Heu verdienen viele, die sich von uns beraten ließen.“ Und ich denke an die Träume der Millionen vom großen Geldsegen. An die Enttäuschungen. An die Ehen, die an den Schulden zerbrechen. An die Lügen, die nötig sind, um an denen zu verdienen, die der Annonce Glauben schenken. Eine Zeitung spiegelt keineswegs nur die Wahrheit. Und ebensowenig bietet sie nur Lügen. Sie ist so wahr und so bunt gemischt aus Wünschen und Träumen und Täuschungen wie das Menschenleben überhaupt.

Wenn Jesus die Menschen aufmerksam machen wollte, erzählte er Geschichten, wie sie auch hätten in einer Zeitung stehen können: Ein Reisender ging von Jerusalem nach Jericho und wurde von Räubern überfallen Und er begann solche Geschichten häufig mit dem Wort: „Sieh hin!“ „Schau!“ Das heißt: Das ist geschehen, das haben Menschen erlebt! Das ist möglich gewesen. Kümmere dich darum, nimm die Nachricht ernst.

Und da lese ich nun: „Bei Zusammenstößen zwischen der Polizei und Arbeitern sind vier Personen getötet worden.“ Und ich denke an alles Unrecht, das vorangegangen sein muß, ehe die Arbeiter und die Polizisten zusammenstießen.

Jesus würde sagen: Wenn du die Zeitung liest, dann achte auf die Schicksale. Achte auf die Gewalttaten, die Lügen, die verborgenen Tatsachen, die Vorgänge hinter den Worten. In der Regel sind es nicht die Sensationen, auf die es ankommt, sondern das kleine Glück, das Elend, das hinter den Annoncen stehende Leid. Suche nach der Krankheit in der Gemeinschaft der Menschen, nach Schuld und Sühne, nach dem guten Willen und dem geringen Können. Nach den Verhältnissen, die es zu ändern gilt, die um der Menschen und ihrer Schicksale willen nicht so bleiben können.

Ich lese: „In der Nacht zum Donnerstag wurde in einem Elektrogeschäft in der Wilhelmstraße eingebrochen. Zwei junge Burschen...“ Und ich denke an die Erfahrungen, die die beiden im Laufe ihres jungen Lebens mit der

Welt der Erwachsenen gemacht haben müssen, ehe sie die Scheibe einschlugen.

Ich lese in ein und derselben Ausgabe: „Rentenerhöhung wieder abgelehnt." „Milch wird teurer." Und ich denke an die Menschen, die in unserem reicher werdenden Land ärmer werden, weil die Preise steigen, nicht aber die Renten. In den kurzen Nachrichten verbergen sich die Schicksale.

Ich lese: „Suche Zimmer mit Kochgelegenheit. Miete bis DM 300,–. Eskitaski Halide." Und ich denke an die Fremden in unserem Land, die keine Chance haben, sich der brutalen Ausbeutung durch ihre Gastgeber zu erwehren.

Die Zeitung lesen heißt entsetzt sein. Es heißt erschrecken über das, was bei uns möglich ist. Wer nicht weiß, was er morgens beten soll, schlage eine beliebige Zeitung auf und rede mit Gott über das, was er liest. Er wird dabei nicht ein besserer Nachbar und ein besserer Zeitgenosse werden. Er wird vielleicht überhaupt zum ersten Mal die Menschen entdecken. Er wird sehen, daß sein eigenes Elend nicht das schwerste auf der Welt ist und wird seinen Tag dankbarer beginnen. Und das wäre viel.

Und vielleicht finden Sie jetzt oder nachher noch fünf Minuten, in denen Sie darauf die Probe machen können. Mit irgendeiner Zeitung in der Hand.

Geh in den Frieden

Guten Morgen – liebe Leserin, lieber Leser –, wenn ich Sie fragen würde, ob Sie auf dem Wege sind in den Frieden, wenn Sie nun das Haus verlassen, käme Ihnen vermutlich ein bitteres Lachen. Frieden. Wenn man bei uns sagt: Er ist in den Frieden gegangen, er ruht in Frieden, dann meint man: Er ist gestorben. Daß das Leben selbst so etwas enthalten könnte wie Frieden, das wagt man schon gar nicht mehr zu denken. Und eigentlich erklärt man damit den Bankrott des Menschenlebens.

Wenn Jesus mit Menschen zu tun hatte, die in den Krieg aller gegen alle verstrickt waren, den wir das Leben nennen, den Krieg, den man gegeneinander oder gegen sich selbst führt, dann entließ er sie am Ende mit dem Wort: Geh in den Frieden. Du gehst nach Hause. Du gehst wieder zu deiner Familie. Geh in den Frieden. Du gehst in deinen Arbeitsplatz und zu deinen Kollegen. Geh in den Frieden. Du bist wieder mit dir allein und mit allem, was in dir selbst streitet und herumlärmt. Geh in den Frieden.

Einer der Leute, die ihn begleitet hatten, schrieb: „Daran erkennen wir, daß wir aus der Wahrheit sind, damit können wir unserem Herzen Frieden geben, daß, wenn unser Herz uns verdammt, Gott größer ist als unser Herz und alle Dinge weiß.“ (1 Johannes 3,19f.)

Wenn das wahr ist, wenn Gott der Wissende ist, ist nichts ungesehen, ist alles ausgeleuchtet bis auf den Grund, und es liegt nahe, sich gegen dieses vollkommene Wissen zu wehren, zu sträuben, sich zu verschließen. Aber solange wir uns dagegen wehren, daß Gott weiß, werden wir unsere Angst nicht los und finden wir keinen Frieden. Wir verteidigen eine Festung, von der wir meinen, sie werde berannt.

Aber niemand, sagt Jesus, greift uns an. Niemand verletzt oder beschämt uns. Niemand will eindringen. Nichts soll zerstört werden. Denn Gott sieht nicht in uns hinein wie ein neugieriger Mensch, nicht wie ein Detektiv, der auf unsere Spur gesetzt ist, sondern wie ein Liebender sieht. Es gibt aber keine klareren, keine schärferen Augen, als die der Liebe. Nur Schwärmerei macht blind, Liebe macht sehend. Man versteht einen anderen Menschen nur wirklich, wenn man ihn liebt, und man soll vom anderen nur so viel wissen wollen, als die Kraft da ist, alles zu lieben, was sich dabei offenbart.

Die Liebe Gottes ist unbestechliches Wissen, aber eben ein Wissen, das nicht verachtet, nicht richtet, nicht verstößt, nicht erniedrigt. Weil Gott groß ist und weil seine Größe Liebe ist, hat es Sinn, daß er alles weiß.

Denn die wirkliche Liebe sagt: Ich kenne die Stellen in dir genau, an denen du unsicher bist, darum will ich dort stehen und dich halten. Sie sagt: Ich sehe deine Fehler, darum will ich dort, wo deine Fehler sind, bei dir sein. Wo solltest du mich nötiger brauchen als dort? Ich weiß, daß du kein Held bist. Ich sehe dein Mißtrauen und deine Sorge, darum will ich dir dort, wo deine Angst ist, beistehen. Und so, wie du wirklich bist, bist du unersetzlich für mich. Diese Liebe ist der Anfang des Friedens.

Von Jesus heißt es: Er wußte, was in den Menschen war. Zugleich sagte man von ihm: Er bejahte sie. Er stand zu ihnen, zu den gespaltenen, in sich zerstrittenen Menschen. Er schützte sie, er half ihnen zurecht. Für ihn ließ sich das Unvereinbare vereinen: die Menschen zu kennen und sie zu lieben. Und das war der Grund, warum von ihm Frieden ausging.

Es ist einen Versuch wert, ob das gelingt: die Menschen kennen und sie lieben. Es wäre ein Versuch, dem Frieden unter den Menschen ein wenig mehr Raum zu verschaffen. Es wäre der Versuch, in den Frieden zu gehen.

Wende dein Gesicht der Sonne zu

Von einer Frau, die immer wieder von schrecklichen Migräneanfällen geplagt ist, hörte ich: Das ist merkwürdig. Wenn ich keine Kopfschmerzen habe, und sei es nur für drei Tage, weiß ich schon nicht mehr, wie das ist. Man weiß es hinterher einfach nicht mehr. Und im voraus weiß man es auch nicht. Wie soll man sich aber als gesunder Mensch in einen kranken hineindenken können, wenn man sich nicht einmal an die eigenen Schmerzen erinnern kann?

So scheint es in der Tat zu sein. Das Gedächtnis hat für Schmerzen keinen rechten Platz, und es ist ebenso nachteilig wie gut. Es bedeutet, daß niemand sich die Schmerzen eines anderen vorstellen und also niemand wirklich mit einem anderen leiden kann. Es bedeutet aber auch, daß es für den Leidenden Augenblicke geben kann, in denen er vor Schmerzen nichts weiß, in denen er sich freuen und glücklich sein kann.

Es gibt ein afrikanisches Sprichwort: „Wende dein Gesicht der Sonne zu, dann fallen die Schatten hinter dich.“

Ich vermute, daß viele unter Ihnen heute morgen eher von Schatten umgeben sind als vom Licht der Sonne. Von der Angst vor dem Tag. Von der Angst vor den Menschen. Von der Last und Mühsal, die sich im Lauf der Jahre immer schwerer auf ein Leben legt. Man braucht nur an der Straße stehen zu bleiben, um zu sehen, wie tief die Schatten über den Gesichtern liegen können, und ich kenne viele Menschen, die an die Sonne nicht mehr glauben, weil die Schatten so lang und schwer über ihnen liegen.

Nun vergleicht die Bibel, die gerade von den Schatten so viel weiß, Gott immer wieder mit der Sonne. Sie wünscht, daß Gottes Gesicht sich über die Landschaft des Menschenlebens erheben möge wie die Sonne am Morgen. Oder sie dankt dafür, daß Gott die Sonne sei oder die Güte Gottes leuchte wie die Sonne.

„Wende dein Gesicht der Sonne zu", sagen die Äthiopier, „dann fallen die Schatten hinter dich." Der christliche Glaube schafft ja keineswegs schattenlose Helligkeit um Sie, aber Ihre Schatten fallen nicht mehr auf den Weg, der vor Ihnen liegt, und auch nicht mehr auf Ihr eigenes Gesicht. Sie fallen nicht auf den Arbeitsplatz vor Ihnen und nicht auf den Menschen, dem Sie gegenüberstehen. Die Schatten liegen hinter Ihnen, und dort sind sie erlaubt. Dort dürfen sie für Augenblicke oder Stunden bleiben.

Wie sieht so etwas aus, sein Gesicht Gott, der Sonne, zuwenden? Ein Dichter der Bibel spricht es aus, und ich fasse seine Worte ein wenig anders, so, daß sie uns näher sind. Er sagt:

Es ist wahr:
Wohin immer ich komme, begegne ich dir.
Was immer ich tue, du bist um mich.
Was immer ich denke, du bist meinen Gedanken voraus.

Ich gehe keinen Schritt, den du nicht begleitest.
Ich denke kein Wort, ich spreche keines aus,
das du nicht hörst.

Du weißt, was mir durch den Kopf geht.
Du kennst die Angst, die mich umtreibt.
Meine Träume und meine Pläne sind dir vertraut.
Und so wenig ich es begreife,
es ist doch gut, daß du da bist.

Es ist auch gut,
daß du mich gemacht hast, wie du wolltest.
Ich möchte darum ja sagen zu mir selbst.
Wie sollte ich etwas anderes sein wollen als dein Werk?

Ich danke dir, daß ich meinen Weg nicht selbst wählen muß.
Ich danke dir, daß du mir meine Tage und Stunden zuteilst.
Denn jeden Tag meines Lebens weißt du, ehe er kommt.
Jeder Tag kommt aus deiner Hand.
So leite mich auf diesem deinem Weg.

Ich wünsche Ihnen, daß es Ihnen gelingt, Ihr Gesicht so oder anders der Sonne zuzuwenden.

Gelassenheit gewinnen

Ein Südseeinsulaner, der einige Zeit in Europa verbracht hatte, schrieb nach seiner Rückkehr – längst ehe die europäische Zivilisation in seine Heimat eingebrochen war – die folgende Betrachtung:

„Der Europäer ist immer unzufrieden mit der Zeit, die er hat, und er klagt den Großen Geist dafür an, daß er ihm nicht mehr gegeben hat. Er läßt die Zeit auch nicht, wie Gott sie gemacht hat, sondern zerschneidet sie, gerade so, als führe man mit einem Buschmesser durch eine weiche Kokosnuß. Alle Teile haben ihren Namen: Stunden, Minuten, Sekunden. Die Sekunde ist kleiner als die Minute, diese ist kleiner als die Stunde, und man muß sechzig Minuten und noch viel mehr Sekunden haben, ehe man so viel hat wie eine Stunde.

Es gibt in Europa nur wenige Menschen, die wirklich Zeit haben. Vielleicht gar keine. Deshalb werden sie auch durch ihr Leben geschleudert wie ein geworfener Stein. Sie rennen und laufen und sehen beim Gehen zur Erde und rudern mit den Armen. Wenn man sie anhält, rufen sie unwillig: Was mußt du mich aufhalten. Ich habe keine Zeit. Sieh zu, daß du die deine ausnützt. Sie tun gerade so, als sei ein Mensch, der schnell geht, mehr wert und tapferer als der, welcher langsam geht.

Ich glaube, die Zeit entschlüpft dem Europäer wie eine Schlange in einer nassen Hand, gerade weil er sie zu sehr festhält. Er jagt immer mit ausgestreckten Händen hinter ihr her. Er gönnt ihr die Ruhe nicht, sich in der Sonne zu lagern. Sie soll immer da sein, sie soll sagen, wie spät es ist, und darauf achten, daß man nichts versäumt. Aber die Zeit ist still und friedlich und liebt die Ruhe und das breite Lagern auf der Matte."

Ein Morgen in einer Großstadt ist keine Idylle in der Südsee, und man kann die Worte des braunen Mannes von dort mit einem gewissen Vergnügen anhören, man kann sogar sagen: Eigentlich hat er recht. Aber damit hat es sich auch schon. So leben wie er können wir nicht. Allenfalls kann ich Ihnen wünschen, daß es am Wochenende für Sie eine Stunde oder zwei gibt, in der Sie auf der Matte lagern und mit der Zeit im Frieden leben.

Aber das ist nun doch nicht alles. Die Gelassenheit des Südseeinsulaners, der der Zeit gönnt, daß sie ruht, können Sie und ich durchaus gewinnen. Wir haben nur einen weiteren Weg dorthin. Gelassenheit kommt von Lassen. Man kann durchaus lernen, hin und wieder etwas zu lassen, von dem man meint, man müsse es tun. Man kann aber vor allem lernen, alles, was treibt, was zwingt, was jagt, was Unruhe schafft, wegzulegen. Man kann seinen Willen weglegen, seine Sorgen, seine Probleme und seine Mühe, jedenfalls für Augenblicke, und kann dabei ein wenig von der Gelassenheit gewinnen, die in unserer heutigen Welt sonst so wenig Chancen hat.

Man kann etwa sich an Gott wenden und zu ihm sprechen. Übrigens braucht man das nicht immer in wohlgesetzter Rede zu tun. Es genügt zu wissen, was man sagen will, dann brauchen keine Worte daraus zu werden. Etwa so kann man sagen:

Ich lasse mich dir, Gott.
Mache ein Ende aller Unruhe.

Meinen Willen lasse ich dir.
Ich kann ja doch nicht wirklich verantworten,
was ich tue und was durch mich geschieht.
Führe du mich und zeige mir deinen Willen.

Meine Gedanken lasse ich dir.
Ich glaube nicht mehr, daß ich so klug bin,
mich selbst zu verstehen,
dieses ganze Leben oder die Menschen.
Lehre mich deine Gedanken denken.

Meine Pläne lasse ich dir.
Ich glaube nicht mehr,
daß mein Leben seinen Sinn findet
in dem, was ich erreiche von meinen Plänen.
Ich vertraue mich deinem Plan an,
denn du kennst mich.

Meine Sorgen um andere Menschen lasse ich dir.
Ich glaube nicht mehr,
daß ich mit meinen Sorgen irgend etwas bessere.
Das liegt allein bei dir. Wozu soll ich mich sorgen?

Die Angst vor der Übermacht der anderen lasse ich dir.
Du warst wehrlos zwischen den Mächtigen.
Die Mächtigen sind untergegangen. Du lebst.

Meine Furcht vor meinem eigenen Versagen lasse ich dir.
Ich brauche kein erfolgreicher Mensch zu sein,
wenn ich ein gesegneter Mensch sein soll
nach deinem Willen.

Alle ungelösten Fragen, alle Mühe mit mir selbst,
alle verkrampften Hoffnungen lasse ich dir.
Ich gebe es auf, gegen verschlossene Türen zu rennen,
und warte auf dich. Du wirst sie öffnen.

Ich lasse mich dir. Ich gehöre dir, Gott.
Du hast mich in deiner guten Hand. Ich danke dir.

So oder ähnlich können sie sprechen und sich darauf verlassen, daß Sie gehört werden.

Schlafen und wachen

Ich weiß von vielen, sehr vielen Menschen, daß sie sich vor der Nacht fürchten, auch vor dieser Nacht. Sie wissen jetzt schon, da sie nicht schlafen können. Sie stehen nach Stunden wieder auf, fangen irgendetwas an, gehen müde wieder zu Bett und liegen bis zum Morgen wach. Mit Sorgen oder körperlichen Schmerzen. An Sie möchte ich mich besonders wenden.

Natürlich gibt es Schlafmittel, und manche mögen hilfreich sein. Aber sicher ist, daß Schlafmittel keine Sorgen nehmen und keine Probleme lösen.

Auf die Dauer geben sie keine Gelassenheit, auf die Dauer holen sie einen schlaflosen Menschen nicht aus seinem Abgrund herauf. Sie vertreiben die Gespenster nicht, die bei Nacht in vielen von uns umgehen, diese ins Unermeßliche gesteigerten Ängste des Tages.

Der gute Schlaf hängt ja merkwürdigerweise mit unserer Fähigkeit zusammen, wach zu sein. Denn Probleme löst man nicht im Halbschlaf. Nur wer wach ist, kann seine Gedanken ordnen und dann weglegen. Und wenn ein Gebet helfen soll, dann sind klare Gedanken nötig.

Was können Sie tun? Sie können ein paar einfache Worte immer wieder sagen, solange, bis sie wie selbstverständlich in ihrem Atem mitgehen. Etwa die:

Ich liege in einer guten Hand. Ich muß nichts tun.
Gott ist die große Ruhe, und ich ruhe in ihm.

Immer nur dieses Einfache. Oder, unmittelbar an Gott gerichtet:

Der Tag ist vergangen. Du bleibst.
Und ich bleibe in dir.

Und so ruhen Sie, bis der Schlaf kommt.

Sie können sich sagen:

Es ist nicht wichtig, wie groß meine Kraft ist,
sondern ob mich einer festhält.

Die Gefahr ist da,
aber ich brauche mich nicht zu fürchten.
Was ich tue, kann mißlingen,
aber ich bin getragen.
Ich kann schwach werden,
aber ich brauche nicht auf eigenen Füßen zu stehen.

Wenn auch dann der Schlaf nicht kommt, dann müssen Sie wissen, daß es auch ein gutes und sinnvolles Wachen gibt, in dem Sie viel Ruhe finden können. In der Nacht vor seinem Tode sagte Jesus zu seinen Freunden: Wacht mit mir. Und so können auch Sie einmal bewußt mit allen wachen, die irgendwo in unserem Land schlaflos liegen und können ihre Angst und Unruhe mit in Ihr Herz nehmen. Sie können im Dunkeln wachen mit den Schwermütigen und werden finden, daß der wachende Christus im dunklen Abgrund einer solchen Nacht gegenwärtig ist.

Und dann sagen Sie für alle anderen mit:

Komm zu uns, Friede aus Gott.
Bleibe bei uns und bei allen Menschen.
Bleibe bei uns am Abend des Tages,
am Abend des Lebens, am Abend der Welt.
Bleibe bei uns und bei allen deinen Kindern
in Zeit und Ewigkeit.

Ich wünsche Ihnen allen, auch denen, die sich um einen guten Schlaf keine Sorgen zu machen brauchen, eine gute Nacht.

Mitgehen

Es mit dem Leben aufnehmen

Zu Karneval

Die nächsten Tage haben ihr Thema. Die Zeitgenossen schwärmen aus, um die Freiheit zu genießen und das Glück – wenigstens auf Zeit. Nichts gegen das Glück und nichts gegen die Freiheit. Der Karneval offenbart ja nur, in welcher Enge die meisten Menschen sonst leben und wie wenig sich in ihnen im Lauf ihres Lebens entfalten darf. Da schafft sich dann so manches Raum, und weil es ja nur kurz dauert, meint man, könne es nicht verboten sein. Wenn die große Freiheit vorbei ist, kriecht man ja wieder ganz brav in seinem Stall unter.

Im Grunde ist diese turbulente Zeit ein einziger Schrei nach mehr Leben. Aber auch die nächsten Wochen haben ihr Thema, und das ist wie ein großer Kontrapunkt zur lustigen Zeit. Da hören wir Jesus sagen:

Ich gehe nach Jerusalem,
und es wird sich alles erfüllen, was mir bestimmt ist.
Man wird mich den Henkern ausliefern.
Die werden mich verspotten, geißeln und töten.
Und am dritten Tag werde ich leben.
(Matthäus 20, 18–19)

Übertrage ich das auf mich selbst, dann lese ich: Ich werde älter, und es wird sich alles erfüllen, was mir bestimmt ist. Ich werde irgendeinen Weg geführt, und wahrscheinlich nicht den, den ich mir wünsche. Vieles macht Angst. Und am Ende werde ich leben.

Wir sind keine Helden und sollen es wohl auch nicht sein. Auch Jesus hatte Angst und bat Gott: Laß diesen Kelch an mir vorbeigehen! Im Kelch war ein Schicksal, und das wollte ausgetrunken sein.

Aber wo Jesus sich mit offenen Augen an Gott wendet, da haben wir heute unsere Tablettenschachteln. Und es könnte sein, daß hinter dem massenhaften Verbrauch von Beruhigungsmitteln der Wunsch steht, von dem, was Angst macht, die Augen zu schließen und zu sagen: Es ist nichts. Nein – es ist bitte nichts.

Glauben – das heißt heute unter anderem: auf die Narkotika, die Beruhiger und Betäuber verzichten lernen. Das ist befreiend und erfrischend, auch wenn es schwer ist. Denn man findet mehr Leben nur, wenn man es mit dem Leben aufnimmt.

In der Passionszeit üben wir das ein. Wir begleiten Jesus auf seinem Weg von seiner Gefangennahme an durch Erniedrigung und Quälerei bis zum Ende, und bis sich zeigt, daß dies kein Weg in den Tod, sondern ins Leben ist. Und vielleicht geht uns eines seiner Geheimnisse dabei auf: daß er so viel Leben hatte und so viel Leben weitergeben konnte, weil er im Grunde den Tod schon hinter sich hatte, ehe der auf ihn zukam.

Das hört sich paradox an, aber es ist die Wahrheit. Und es ist ein Muster für Ihren eigenen Weg. In der Bibel steht für Sie, wenn Sie es mit der Wahrheit und mit Ihrem Schicksal aufnehmen möchten, der folgende Segen:

Wort von Gott.
Fürchte dich nicht. Ich mache dich frei.
Ich rufe dich bei deinem Namen. Du bist mein.

Wenn du durch Wasser gehst, bin ich bei dir.
Mitten in der Strömung halte ich dich fest.

Wenn du durch Feuer gehst, brennst du nicht,
und die Flamme versengt dich nicht.

Ich mache das Meer still und schütze dich.
Und wenn du auf dem Grunde des Meeres gehst,
zeige ich dir den Weg.

Freude gebe ich dir im Aufbruch.
Auf dem Weg aber Geleit im Frieden.
(aus Jesaja 43 und 55)

Sich leicht nehmen

Zur Passionszeit

Für die Zeit des ausgehenden Winters haben die Christen das Wort „Passionszeit“. Sinn der Sache ist, daß wir Jesus Christus auf dem Weg seines Leidens und Sterbens begleiten und uns dabei in die Ernstfälle einüben, die das Leben zweifellos für uns bereithält. Man gibt dieser Zeit auch den ein wenig aschgrauen Namen Fastenzeit. Aber hinter dem grauen Namen verbirgt sich etwas höchst Aktuelles.

Nachdem die Faschingszeit gezeigt hat, daß wir alle wunderbar freie Menschen sind, die tun können, was sie mögen, ist die Fastenzeit – nun im Ernst – ein Test, ob wir auch lassen können, was wir mögen. Kommt dabei heraus, daß wir in Wirklichkeit Sklaven unserer Bedürfnisse sind, dann ist das Wort Freiheit in unserem Mund eine Phrase.

Mir wird deshalb immer ein wenig unbehaglich, wenn man in unserem Lande allzu lautstark von der Freiheit redet. Christus wurde ja nicht zuletzt darum umgebracht, weil er nichts davon hielt, daß innerlich unfreie Menschen eine äußerliche, etwa politische Freiheit für sich in Anspruch nehmen wollten.

Was hilft es euch denn, alles zu dürfen, was ihr wollt – so kann man seine Meinung wiedergeben –, wenn ihr dann doch nur tut, wozu der kleine, unfreie Mensch in euch sich treiben läßt? Ihr werdet nie einem Auftrag gewachsen sein, um den es sich lohnt. Ihr werdet die Stimme Gottes nie hören und eine Freiheit, die diesen Namen verdient, nie finden. Dazu ist zuvor die Zucht der Gedanken und der Sinne nötig, denn vor die Freiheit hat Gott die Selbstverpflichtung gesetzt.

Und Christus selbst ist ja die wichtigste Figur der Weltgeschichte – menschlich gesehen – dadurch geworden, daß er von seiner Freiheit und seinem Wohlergehen nichts hielt. Die Passion begehen heißt unter anderem, ein freier Mensch werden dadurch, daß man seine Bedürfnisse und auch – seine Freiheit mißachten lernt.

Das fängt bei Kleinigkeiten an: Es kann einer nicht leben ohne Zigaretten – und lebt einmal ein paar Wochen ohne sie. Er kann nicht existieren ohne Flasche – und lebt ohne sie. Er hat sich an sein Auto gewöhnt – und steht einmal wieder früher auf und geht ein paar Wochen zu Fuß. Er verzichtet auf einige Genüsse, die ihm am wichtigsten sind, und gibt eine runde Summe dorthin, wo andere sie nötig haben. Chesterton, den Sie vielleicht von seinen Kriminalromanen kennen, fragt einmal: „Warum können die Engel fliegen?" Und antwortet: „Weil sie sich leicht nehmen!" – Das ist es.

Sich leicht nehmen ist die Vorübung für den Ernstfall, in dem es darauf ankommt, fliegen zu können. Aber auch ohne den Ernstfall wird das Leben dabei lichter und schöner, klarer und freier. Oder wollen wir die Hoffnung aufgeben, daß unser Volk mit seiner Freiheit doch noch etwas anzufangen weiß, wenigstens irgend etwas? Es kann doch nicht wahr sein, daß das höchste und letzte Ziel der Politik in einer Phrase formuliert wird? Daß wir nämlich von Freiheit reden, dabei nichts tun, als uns den Bauch vollzuschlagen, und die armen Verwandten von drüben auffordern, sich mit uns an den fetten westlichen Tisch zu setzen. Ich meine, es sei höchste Zeit, daß wir unserer Freiheit einen besseren Sinn geben.

Christus sagte kurz vor seinem Tod:

Das Licht ist noch eine kleine Weile bei euch.
Was ihr tut, das tut, um Licht auszubreiten,

damit euch die Finsternis nicht verschlingt.
Wer die Augen verschließt, hat Nacht um sich
und sieht seinen Weg nicht.
Nützt das Licht, solange es Tag ist,
und werdet selbst Licht,
denn noch leuchtet es euch.
Ich bin als ein Licht in die Welt gekommen,
damit, wer sich mir zuwendet,
von seiner eigenen Person frei wird
und die Finsternis hinter sich läßt.
(Johannes 12)

Ich wünsche Ihnen einen gesegneten Sonntag.

Sechs Wegweisungen

Ich wünsche Ihnen einen guten Morgen und eine gute Woche durch alles Auf und Ab der nächsten sechs Tage.

Es gab früher einmal eine gute Sitte, die vielen abhanden gekommen ist, nämlich jeden Morgen ein Stück aus der Bibel zu lesen, zehn oder zwanzig Zeilen. Ein paar Worte zum Nachdenken, eine Geschichte zum Einprägen, so daß der Kopf den Tag über immer wieder etwas Bestimmtes hatte, über das nachzudenken lohnte, und damit man dem Gerede und Gelärme eines Tages nicht gar so wehrlos ausgeliefert war.

Die Sache hat heute ihre Schwierigkeiten, so hilfreich sie sein könnte, weil dazu gehörte, daß man das Ganze, was die Bibel sagen will, erst schon einmal im Zusammenhang verstanden hätte, damit das einzelne Wort nicht so fremd herumstände.

Ich möchte einmal versuchen, so kurz es möglich ist, zu zeigen, welche

Weisungen uns Jesus für unseren Weg durch die Tage gegeben hat. Die erste wäre: Habe den Mut, ein Einzelner zu sein. Danach sagt er: Sei ganz in dem, was du sagst, was du tust, was du liebst. Teile dich nicht. Oder er sagt: Es gibt Wichtigeres als dich: Das Größte, das du werden kannst, ist Diener einer größeren Sache zu sein. Oder er sagt: Löse dich von allem, was dich an dich selbst bindet und binde dich an Menschen. Oder: Sei bereit, Leiden anzunehmen. Jedenfalls möchte ich diese Wegweisungen einmal mit Ihnen zusammen durchspielen.

Habe den Mut, ein Einzelner zu sein

Da wäre also die erste: Habe den Mut, ein Einzelner zu sein. Was er meint, kommt zum Vorschein in den Geschichten, die erzählen, wie er einzelne Menschen zu sich rief: Er war zum Beispiel im Norden Israels und ging das Ufer entlang – an einem der schönsten Seen, die es überhaupt gibt – und sah zwei Männer. Die warfen einen Steinwurf weit draußen ihre Netze ins Wasser. Auf! rief er hinüber. Was sucht ihr nach Fischen? Es gibt Wichtigeres. Es gibt Menschen, denen das Wasser bis zum Hals steht. Ich brauche euch. Und sie ließen die Netze liegen und folgten ihm.

Am Ufer im Norden war die Zollstelle. Der Golan war Ausland. Dort waren die Zollschranken. Einer saß da und zog die Gebühren ein. Jesus zahlte nicht, er hatte nichts zu verzollen. Aber er nahm den Kassier mit. Laß dein Geld! Ich weiß Besseres. Komm.

Ein Studierter kam zu ihm. Wohin du gehst, will ich dich begleiten. Verfüge über mich. Aber Jesus warnte: Füchse haben einen Bau. Vögel ein Nest. Ein Mensch wie ich hat keinen Platz zum Schlafen, wenn es Nacht wird.

Aber dieser Ruf: Habe den Mut, ein Einzelner zu sein, galt nicht nur Männern.

Am Ufer im Westen lag Tiberias. Dort wohnte Johanna, Ehefrau eines reichen Mannes. Eines Tages begegnete ihr Jesus. Sie ließ ihren Mann und den Haushalt und zog mit Jesus über Land, in der bunten Schar des umstrittenen Predigers. Übernachtete mit ihnen, wo die Füchse und die Raben nächtigten. Zum ersten Mal in ihrem Leben nicht mehr die Frau eines Mannes, sondern eine Frau. Johanna. Ein eigener Mensch. Ein Einzelner.

Jesus rief im Lauf der Zeit viele zu sich. Männer und Frauen. Und sagte ihnen:

Schlagt euch aus dem Kopf,
was ihr bisher gedacht habt.
Und denkt das Nötige.

Ihr geht durch eine schmale Tür
und könnt nicht viel mitnehmen.
Aber ihr tretet in die Freiheit.

Ihr geht einen schmalen Weg.
Aber mit einem weiten Herzen.
Ich sende euch wie Schafe zu Wölfen.
Wenn Schafe allein sind,
lecken sich die Wölfe das Maul.

Ihr werdet einsam sein.
Ablehnung ringsum.
Dann geht geradeaus.
Bis ans Ende.
Es gibt keine andere Rettung.

Das war das erste: Habt den Mut,
Einzelne zu sein. Nicht Egoisten,
aber Einzelne. Das ist der Anfang.

Das ist nicht das ganze Christentum, aber es ist der Anfang.

Sei ganz, was du bist

Eine zweite Aufforderung, die Jesus an uns richtet, lautet: Sei ganz, was du bist. Sei ganz, was du tust, was du denkst, was du liebst. Teile dich nicht.

Da saßen die Leute, ich stelle mir vor, im trockenen Gras zwischen den Basaltblöcken am See von Galiläa und Jesus redete. Am Ufer standen sie gedrängt, und Jesus sprach, im Boot stehend:

Laß alles fahren.
Fasse den einen Entschluß:
Das Reich Gottes.

Wisch dir deine Träume und Wünsche
und Hoffnungen aus dem Gehirn
und behalte nur eine Sehnsucht:
Das Reich.

Sei ganz und gar, mit Leib und Seele und Geist,
in dem, was du glaubst.
Alles ist möglich dem, der glaubt.

Sei ganz und gar in dem, was du liebst.
Wo dein Schatz ist, da ist auch dein Herz.
Nichts bleibt dir als deine Liebe.

Sei ganz und gar in dem, was du tust.
Teile dich nicht. Und setze dich dem aus,
was herauskommt. Die Frucht wird reifen.

Sie diskutierten. Sie waren dafür. Sie waren dagegen. Sie hatten Einwände. Je klüger sie waren, desto leichter brachten sie das Ja und das Nein zugleich über die Lippen. Da pries Jesus die Einfachen glücklich. Die Leute aus den

Lehmhütten und aus den Wohnhöhlen, Die nicht gelernt hatten, mit ihrem Kopf anderes zu wollen als mit ihrem Herzen und mit ihrem Leib:

Ich preise dich, Vater
und Herr des Himmels und der Erde,
daß du dein Geheimnis den Klugen
und Selbstgewissen verborgen hast.
Den Toren hast du es anvertraut,
den Einfachen, den Ungebildeten.
Ja, kommt!
Alle, die ihr müde seid von übermäßiger Last.
Aufatmen sollt ihr und frei sein.

Man nannte ihn einen Lehrer. Einen Propheten. Einen Guru nennen sie ihn heute, einen Seelenführer. Warum nicht?

Prüfe dich, sagt er, an dem, was du tust,
warum du es tust.
Wenn du einem Menschen hilfst,
dann tu es sachlich und selbstverständlich.
Bewundere dich nicht.
Laß dich nicht bewundern.

Wenn du dich zum Gebet sammelst,
dann rede in der Stille mit Gott.
Mach keine Schau darauf: Seht!
Er ist ein innerlicher Mensch.
Und beurteile auch selbst dein Tun nicht.

Wenn du dir ein Vergnügen versagst,
dann tu es, aber mach dem,
der es genießt, keinen Vorwurf.

Spiele nicht den Büßer, den Asketen.
Geh deinen Weg klar und einfach.

Du bist am Ziel,
wenn du der bist, den Gott mit dir meint,
ganz und ungeteilt,
wie Gott einer ist, vollkommen in sich selbst.
Gott lieben mit ganzem Herzen,
mit ganzer Seele und mit allen Kräften
und den Mitmenschen wie dich selbst.
Das ist es.
Alles Scheiden und Trennen ist von Übel.

Du weißt, daß du nicht töten sollst.
Aber man kann nach außen den Mord verabscheuen
und innen ein Mörder sein.
Wer seinem Bruder zürnt, ist ein Mörder.
Wer zu seinem Bruder sagt: Du Null,
wünscht ihm den Tod.
Wer zu seinem Bruder sagt: Du verdammter Mensch,
wünscht ihm Gottverlassenheit.

Du weißt, daß du nicht falsch schwören sollst.
Aber warum schwörst du überhaupt?
Wer schwört, beweist,
daß sein Wort Mißtrauen verdient.
Sag ein Ja, hinter dem du stehst.
Ein Nein, hinter dem du stehst.
Alles andere ist Lüge.

Gott ist der eine. Er teilt sich nicht.
Er läßt seine Sonne scheinen über Böse und Gute

und läßt regnen über Gerechte und Ungerechte.
Wer sich nicht teilt, liebt auch seine Feinde.

Du kannst nicht zwei Herren dienen.
Du wirst immer den einen vorziehen.
Du kannst deine Liebe nicht teilen
zwischen Gott und dem Geld.

Selig sind nicht, die alles haben,
das eine und das andere dazu,
sondern die alles erwarten.
Das Eine.

Die Krämer reden seit der Steinzeit:
Der Sperling in der Hand sei besser
als die Taube auf dem Dach.
Selig sind, denen die Taube auf dem Dach
mehr ist als der Spatz in der Hand.
Sie stehen frei auf ihren Füßen
und brauchen sich um ihr Stehvermögen
nicht zu kümmern. Wozu auch?

Ich wünsche, daß Ihnen ein Versuch, ganz und ungeteilt zu sein, gelingt: Es wäre ein Anfang.

Sieh dich als Diener einer großen Sache an

In ein paar knappen Gedanken versuche ich die Lebensanweisung zu schildern, die uns Jesus gibt. Seine erste Anweisung, lautet: Habe den Mut, ein Einzelner zu sein. Seine zweite lautet: Sei ganz in dem, was du tust, was du liebst, was du glaubst, und teile dich nicht. Seine dritte lautet: Sieh dich als einen Diener einer großen Sache an.

Die größere Sache, die unserem Leben den Sinn gibt und das Ziel, nannte er das Reich Gottes. Damit sagte er: Diese Erde ist nicht Tummelplatz von Teufeln, auch wenn es oft so aussieht, sondern Welt Gottes.

Er sagte: Diese Erde ist nicht verschlossen, sondern offen nach allen Seiten. Gottes Wirklichkeit reicht weiter als das, was wir Wirklichkeit nennen. Er sagte zum dritten: Diese Erde ist nicht fertig. Sie hat eine Wandlung vor sich, die Wandlung in das Reich des Vaters.

Wenn du den Sinn deines Lebens suchst, hier liegt er offen vor dir. Und ich selbst, ich bin ein Knecht. Ich verbrauche mich, wie ein Knecht sich verbraucht. Es gibt Wichtigeres als mich. Und du, der mir folgen will, bist ein Knecht. Nicht eines Menschen, sondern des Reiches. Du kannst nichts Größeres sein als ein Knecht Gottes.

Und Jesus zeigte die Aufgabe, die seinen Freunden gestellt war: Die Menschen. Sie waren armselig und heruntergekommen, abgehetzt und verwahrlost, sagte er, wie Schafe, die keinen Hirten haben.

Er zeigte ihnen das Feld ihrer Arbeit: Menschen Freude zu machen an ihrer Zukunft. Ihnen den Sinn zeigen. Das ist euer Teil an der Zukunft dieser Welt. Denn ihr bringt eure kleine Kraft in die große Kraft ein, mit der Gott das Reich schafft, unbemerkt und unwiderstehlich.

Das Reich Gottes wächst wie ein Senfkorn. Das wirft einer ins Feld, den kleinsten von allen Samen. Und dann wird es groß. Größer als alle Gartenstauden und schließlich wie ein Baum, so daß die Vögel in seinem Gezweig Nester bauen.

Ich finde, es ist befreiend, daß Jesus mein Leben als Dienst beschreibt. Daß er mir eine Aufgabe zeigt, die lohnt und Sinn hat. Daß er nicht sagt:

Wer alles hat, ist glücklich. Daß er nicht sagt: Besiege die Konkurrenz. Daß er nicht sagt: Wer sich anpaßt, überlebt. Daß er nicht sagt: Hauptsache, sich durchsetzen. Vorwärtskommen. Sich einen Namen machen. Sondern: Glücklich, wer weiß, wofür er lebt. Kümmere dich um die, die ihrer Konkurrenz erliegen. Passe dich nicht an und nimm die Folgen auf dich. Setze dich auf den letzten Platz und laß die anderen sich durchsetzen. Es geht um mehr als um deinen Platz.

Sorge dich nicht, wenn du den Erfolg nicht siehst und streite nicht gegen die, die deine Arbeit stören. Du bist ein Diener. Kümmere dich um die Menschen, die dich brauchen und habe keine Feinde. Wer Feinde hat, liebt nicht.

Und wenn du alles getan hast, was du konntest, dann klopfe dir nicht selbst auf die Schulter, sondern sage: Es war nichts weiter, als daß ich das Meine tat.

Selig, sagt Jesus, sind, die geduldig sind und warten können. Sie werden auf dieser Erde zuhause sein. Sie werden Grund unter den Füßen haben und wissen, wohin sie gehören.

Selig sind, die auf Gewalt verzichten können. Denn unangefochten stehen kann der, der sich zu beugen weiß. Frei ist, wer niemand zu gehorchen braucht, als Gott allein. Der Unfreie bückt sich vor jedem Schreihals.

Zu kämpfen versteht, wer seinen Gegner gewinnt, nicht, wer ihn vernichtet. Seinen Gegner gewinnt der Geduldige, der wehrlos Gütige. Ein Eisberg ist durch die warme Strömung im Meer stärker bedroht als das Meer durch den Eisberg.

Wer einen Schlüssel hat, der Türen öffnet, braucht nicht durch die Wand zu gehen. Die Sache ist gar nicht so kompliziert. Sie ist, genau genommen, selbstverständlich.

Ich wünsche Ihnen einen Tag, an dem es sich auf irgendeine Weise bestätigt.

Träume nicht in den Wolken herum

Ich sagte: Die erste Anweisung, die Jesus uns gibt, lautet: Habe den Mut, ein Einzelner zu sein. Seine zweite: Sei ganz in dem, was du tust, was du liebst, was du glaubst, und teile dich nicht. Die dritte: Sieh dich als einen Diener einer großen Sache an. Nun geht es um die vierte. Die lautet: Träume nicht in den Wolken herum, sondern nimm es mit der Wirklichkeit auf.

Die Welt ist voll von Menschen. Von Problemen. Von Aufgaben. Du findest dich an einem bestimmten Platz. Steh dort, wo du wirklich stehst und träume dir nicht eine Phantasiewelt zurecht.

Gegeben ist dir deine Herkunft und der Mensch, der du bist. Verleugne ihn nicht. Ehe einer diese Welt und die Menschen, sich und sein Wesen bejahen kann, kann er nicht barmherzig sein.

Du triffst in dieser Welt Tatsachen an, Menschen, Schwierigkeiten. Nimm sie an. Du brauchst dich nicht an ihnen wund zu reiben oder sie zu überfliegen.

Tatsachen stehen vor Wünschen. Wenn die Tatsache Elend heißt, zieht man besser seine Wünsche in die Wirklichkeit herein als auf den Flügeln von Wünschen der Wirklichkeit zu entrinnen.

Ich bin, sagt Jesus, nicht interessiert daran, mein Gesicht zu wahren, wohl aber das Gesicht der anderen. Ich bin nicht interessiert an meiner Freiheit, wohl aber an der Freiheit anderer. Ich bringe meine Freiheit ein und binde mich an den Jammer derer, die mich brauchen. Ich bin kein Träumer. Die Träumer fliegen gewöhnlich über das Schicksal der Lebenden hinweg in irgendeinen zukünftigen Himmel. Mein Arbeit ist hier.

Jeden Morgen begegnet mir als erstes das Gesicht eines Menschen. Und noch eins. Viele. Das Gesicht ist das Nächste. Ist der Nächste. Alles andere sind Träume. Ihm bringe ich, was ich habe und nicht brauche: Meine Freiheit. Denn wenn Gott mißt, wer du bist, legt er das Maßband nicht um den Kopf, sondern um das Herz.

Willst du Menschen ändern, so mußt du sie lieben. Du hast kein anderes Mittel. Du kannst sie belehren, sie aufklären, schockieren, ärgern, anklagen. Ändern wirst du sie nur als Liebender.

Die Wirklichkeit besteht aus Menschen, sagt Jesus. Und am wirklichsten ist das Elend. Wenn du die Ebene suchst, auf der die Wirklichkeit am dichtesten ist, dann suche die Verrufenen, die Verachteten, die Zuhälter, die Betrüger, die Opportunisten, Erpresser und Sonstigen.

Denn die Gesunden brauchen keinen Arzt. Ich rufe nicht die zu Gott, die schon zuhause sind. sondern die anderen. Wenn ein Schafhirt hundert Tiere hat und eines läuft ihm weg, läßt er auf der Stelle die 99 allein und sucht das eine. Nur unter Menschen schreibt man die schwarzen Schafe ab.

Wenn eine Hausfrau zehn Mark in der Hand hat und eine fällt zur Erde, nimmt sie ein Licht und sucht. Nur unter Menschen läßt man die Verlorenen liegen. Verloren ist, wer irgendwo lebt, wo ihn niemand sieht.

Was muß ich tun, fragte einer, daß ich in Gottes Augen gut bin? Jesus antwortete: Vielleicht findest du auf deiner nächsten Dienstreise in die Stadt einen am Weg, den sie zusammengeschlagen haben. Wenn du in seinem Gesicht Gott erkennst, ist der Weg in die Stadt der zum ewigen Leben.

Achte auf den Ort, an dem Gott dir begegnet, er ist bei den Menschen.

Man sollte denken, um die Wirklichkeit auf dieser Erde wahrzunehmen, bedürfte es keiner Religion. Die Erfahrung ist aber immer wieder die, daß man sehr viel von unsichtbaren Dingen wissen muß, um in der banalen Wirklichkeit des Tages zu sehen, wo eigentlich die Menschen und die Aufgaben sind.

Sei bereit, zu leiden

Die fünfte Lebensanweisung, die wir von Jesus haben, lautet: Sei bereit, zu leiden. Er will sagen: Bleibe bei den Menschen und nimm das an, was dabei herauskommt. Sein eigenes Schicksal vollzog sich nach diesem Gesetz. Die Mißverständnisse begleiten ihn von Anfang, die Vorwürfe der Seinen, Spott und Herabsetzung. Mit denen zusammen, die ihn liebten, ging er durch eine Gasse von Haß. Am Ende, als ihn sein Weg in immer tiefere Einsamkeit führte, blieb ihm nur noch das Leiden, die Last, die die anderen ihm auflegten.

Einer trage des anderen Last, sagt Paulus. So wird er das Gesetz Christi erfüllen. Er meint nicht nur die Mühsal, die der andere zu schleppen hat. Sondern vor allem die Last, die er dir auflegt. Seine Bosheit und Verdrehtheit, seine Undankbarkeit und Unwahrhaftigkeit. Trage des anderen Last und wirf sie nicht ab. Dies war der Grundton, der sich durch sein ganzes Leben zog.

Sei bereit, sagt Jesus, hinzunehmen, daß alles schiefgeht. Daß deine Pläne scheitern, daß dir alles mißlingt, bis du an dir selbst und an der ganzen Welt irre wirst. Daß dir alles falsch ausgelegt wird, was du aus gutem Willen tust. Dann bleibe auf deinem Weg.

Leiden kann auch heißen, vor der Frage zu stehen, was mit Schuld geschehen soll. Soll man sie strafen oder rächen? Soll man sie übergehen und vergessen? Soll man sie in Nichtschuld umlügen? Jesus sagt: Vergeben. Nicht sie leugnen, sondern tragen. So, daß sie der Güte zum schuldigen Menschen nicht mehr im Wege steht.

Wer den anderen zuviel nachträgt, geht ja an Überlastung zugrunde. Wir erleben es ständig an den Menschen um uns her. Wer seinen Mitmenschen verurteilt, kann immer irren. Wer ihm verzeiht, irrt nie.

Vergeben können setzt voraus, daß du den dunklen Bruder in dir selbst annimmst. Wer sich selbst nicht annehmen kann, kann auch den anderen auf die Dauer nicht bejahen.

Andere bejahen heißt: Feinde lieben. Vielleicht sind sie deine Feinde, weil du deinen Feind in dir selbst auf den anderen überträgst. Wenn du deinen Haß gegen dich selbst abziehst, dann bleibt drüben, wo der Feind ist, der Mitmensch übrig.

Du lebst davon, daß Gott zu dir steht. Steh also zu denen, die ohne dich nicht leben können. Denn Christen sind im Zweifelsfall auf der Seite derer, die gebunden sind in die Irrtümer ihrer Gemeinschaft, gebunden in das geltende Recht, in den Ehrenkodex der Ordentlichen. Und wo Menschen den Schatten tragen, den die Guten über sie werfen, da haben Christen ihre Geschwister.

Sei bereit, zu leiden, und nicht wieder zu vergelten. Wenn einer dir einen Schlag gibt auf die rechte Wange, dann biete ihm auch die andere. Wehre das Unrecht nicht ab, das so viele Millionen trifft, ohne daß sie Ja oder Nein sagen können.

Du stehst auf der Seite derer, die nichts haben, das sie als Pfand geben könnten, als sich selbst. Denn die wirklich Verdammten sind nicht die, die geopfert werden, sondern die vielen, denen nichts gewährt ist, für das sie sich opfern könnten.

Als die Jünger die Angst ergriff vor dieser Aufgabe, fragte sie der Meister: Habt ihr auf diesem Weg je Mangel gehabt? Niemals, antworteten sie.

Denn zum Leiden bereit sein und sich ihm nicht zu versperren, bedeutet, daß das Leid schon halb überwunden ist und nicht mehr die Angst die Landschaft verdunkelt. Zum Leid bereit sein heißt mehr Freiheit haben und mehr Freude erleben.

Laß es auf den Glauben ankommen

Fünf Anweisungen habe ich bisher genannt, die uns Jesus für unser Leben gibt. Hier nun die letzte. Sie lautet: Laß es auf den Glauben ankommen.

Glaube ist das Vertrauen, daß dir nichts zustoßen wird, wenn du meinen Weg gehst.

Glaube ist die Bereitschaft, zu gehen, auch wenn der Weg, den du gehst, vor deinen Augen unsichtbar wird.

Glaube ist der Wille, sich wandeln zu lassen, auch wenn Wandlung schmerzhaft ist.

Glaube ist die Hoffnung, daß etwas in deiner Arbeit wächst, auch wenn du keinen Ertrag siehst.

Glaube ist das Vertrauen, daß auch der dunkle Tod eine Tür ist zum Haus des Vaters.

Was meint Jesus damit? Gewiß nicht, was wir tun, wenn wir ein Glaubensbekenntnis hersagen. Er sagt: Glaube versetzt Berge. Der Glaube reißt Bäume aus.

Ein Mann warf sich auf die Knie: Mein Sohn ist fallsüchtig. Hilf mir, wenn du etwas kannst. Alles ist dem möglich, antwortet Jesus, der glaubt. Da rief der Mann unter Tränen: Ich glaube, hilf meinem Unglauben. Und Jesus faßte den Jungen an der Hand und half ihm auf.

Glaube ist brennende Hoffnung, daß eine Hilfe da ist, wenn wir die Hand ausstrecken.

Glaube ist der Sprung über den eigenen Unglauben, das Vertrauen, daß einer den Springenden auffängt.

Glaube ist die Kraft, den eigenen Zweifel zu ertragen, und die Tatsache, daß es keine Antwort gibt.

Für viele ist Glauben ein frommer Traum. Wer auch soll einem Menschen glauben, daß er glaubt?

Der Tag kann der Nacht unmöglich glauben, daß Sterne am Himmel sind. Wenn nicht der Himmel dunkel wird, kommen die Sterne nicht hervor. Ist aber der Himmel dunkel, dann ist auch die Gefahr nahe. Die bloße, abgründige Nacht.

Wenn es schon auf den Glauben ankommt, dann, so sagt Jesus, dann bitte Gott: Führe uns nicht in Versuchung. Führe uns nicht in den Abgrund einer sternenlosen Nacht. Führe uns nicht in die Schwermut, nicht in Bitterkeit und Gleichgültigkeit, nicht in das Selbstgespräch des Verlassenen, oder die Gefahr, an dir irre zu werden, an der Wahrheit, am Sinn dieses Weges. Nicht der Zweifel ist die Hölle. Der Zweifel ist der Zwillingsbruder des Glaubens.

Zweifle nicht am Glauben dessen, der sich ängstet. Aber fürchte dich vor dem, der fordert, Glaube kenne keinen Zweifel.

Bitte Gott jeden Abend, daß du in Frieden schlafen darfst, daß dir das Vertrauen niemals fehlt, das du zum Einschlafen brauchst. Bitte Gott um ein seliges Ende, oder doch ein Ende, das ein Einschlafen ist, vertrauend, angesichts des Abgrunds.

Selig sind, sagt Jesus, die Glaubenden, die verfolgt werden, weil sie die Gerechtigkeit suchen.

Selig, die ich herausrufe, damit sie Einzelne seien in meiner Nachfolge.

Selig, die ganz in dem sind, was sie tun oder glauben oder lieben. Selig sind sie. Ihr Weg führt sie gradlinig in die Verfolgung. Sie stehen, Opfer der Gewalt, an der Stelle, wo dem Ungeist im Namen des Gottesgeistes widerstanden wird.

Ich bin dabei, sagt er, wo du mein Wort dem Geist und Ungeist dieser Welt entgegensprichst. Dann sorge dich nicht, was du sagen sollst. Der Geist Gottes wird durch dich reden. Nimm hin den Heiligen Geist, ich will weiterreden in deinem Wort.

Ich bin dabei, wo zwei oder drei versammelt sind und sich auf mich berufen. Wo du mit einem oder zwei unheiligen Menschen in meinem Namen versammelt bist, ist heilige Kirche.

Ich bin nahe, wo du versuchst, denen ein Nächster zu sein, die einen Nächsten brauchen. Ich bin deinem Nächsten nahe in dir, und dir in deinem Nächsten.

Glaube, hatte er gesagt, was du nicht siehst. Glaube dem, den du nicht wahrnimmst. Glaube versetzt Berge. Glaube reißt Bäume aus. Der Horizont wird frei, der Glaube öffnet die Wirklichkeit, und aus ihrem Hintergrund bricht Licht ein.

Glaube, wenn das Wasser steigt. Es trägt. Warum fürchtest du dich?

Man kann diese ganze Anweisung zum Leben im Grunde nur in kleinen Schritten ausprobieren. Aber das kann man.

Komm, geh mit!

In der Passionszeit stellen wir uns den Leidensweg, den Jesus Christus gegangen ist, vor Augen. Von seinem Einzug in Jerusalem an über seine Gefangennahme und seinen Prozeß bis zu seinem Tode. Sie kennen die Geschichte vermutlich.

Dieser Kreuzweg, wie wir sagen, ist uns unter anderem ein Modell, an dem wir uns in unser Menschenleben einüben, in seine Mühe, seine Angst und Last, in seine Rätsel und Schmerzen. Wir können dabei lernen, zu bestehen, was schwer und leidvoll ist. Denn die Wirklichkeit will bestanden sein, und irgendwoher müssen die Kräfte kommen, wenn einer auf Illusionen verzichten will.

Man darf einander ja gerne Glück und Erfolg wünschen. Man darf auch gerne einmal eine Maske aufsetzen und so tun, als wäre man ein anderer als der man ist. Man darf sich gerne eine Weile vorstellen, das Leben sei ein Rosenmontag. Aber irgendwann wird man es realistisch einschätzen müssen, wenn man zurechtkommen will.

Während wir also von Schritt zu Schritt auf diesem Weg mitgehen, sehen wir, daß Freiheit genommen werden kann. Daß Hände gebunden werden können. Daß Recht und Gerechtigkeit in Gefahr sind und die Wahrheit bedroht ist, auch durch uns selbst. Wir merken, daß es auf Schönheit und Unversehrtheit keinen Anspruch gibt. Daß am Ende unseres Lebens wahrscheinlich nicht der große Triumph steht, sondern eher schon die Erkenntnis, daß wir mit dem meisten, das uns aufgetragen war, gescheitert sind – wenn wir jedenfalls ehrlich mit uns selbst verfahren – und angewiesen auf die Barmherzigkeit Gottes. Wer die Geschichte begriffen hat, macht sich nicht mehr viel vor.

Wir erleben aber auch, wenn wir über den Karfreitag bis in den Ostermorgen mitgehen, daß da ein Neuanfang ist. Auferstehung. Ein seltsamer Aufbruch aus dem Tode. Es gibt ja Rätsel, die nicht lösbar sind. Die Konflikte bleiben. Das Brüchige, das nicht Erklärbare, solange wir auf dieser Erde leben. Aber wir können vorausschauen auf den Tag, an dem wir aus dem Clinch mit den Mächten des Todes heraustreten, um in einem neuen Raum und auf eine neue Weise zu leben.

Und bei all dem können wir verstehen, daß unser Leben seinen Sinn und seine Schönheit nicht nur aus dem gewinnt, was wir landläufig das Glück nennen, sondern vor allem aus der Liebeskraft, die uns unterwegs zuwächst. Aus der Einsicht, die wir gewinnen. Aus den Opfern, zu denen wir bereit waren. Aus dem Frieden, der von uns ausgeht.

Ich wünsche Ihnen nicht ein Leben ohne schwere Erfahrungen. Das wäre so viel, als wenn ich Ihnen wünschte, daß Sie an der Wirklichkeit vorbeileben. Aber daß Sie die Helligkeit sehen, die Gott Ihnen zugedacht hat. Und daß Sie die leise Stimme hören, die Ihnen sagt: Komm, geh mit! Ich zeige dir, wo es hinausgeht. Denn am Ende ist Ostern. Leben in Gott.

Angst ablegen

Viele unter uns müßten heute neu lernen, mit der Angst umzugehen, habe ich in einem „Wort zum Sonntag“ im Fernsehen gesagt. Es sei keine Lösung, sie mit allerlei Mitteln zu betäuben oder zu unterdrücken. Darauf schrieb mir ein junger Mann: Ich habe doch nur meine Tabletten. Wie soll ich meine Angst sonst loswerden?

Ich könnte ihn – und vielleicht auch Sie – nun fragen: Warum wollen Sie das eigentlich? Ist denn die Angst eine Krankheit wie ein Schnupfen? Hat unser Leben nicht vielleicht sein Gewicht gerade durch das, was uns das Leben schwer macht? Sagt nicht Jesus: In der Welt – das heißt solange ihr Menschen seid – habt ihr Angst? Heißt das nicht: Ihr bringt euch um wichtige Erfahrungen, wenn ihr die Angst abschaffen wollt? Die Angst ist ja auch eine Art Antenne.

Aber das wäre sicher nur die eine Seite. Denn sie können – auch ohne künstliche Mittel – eine Menge dagegen tun. Nicht jede Angst muß sein.

Vielleicht kommt sie daher, daß Sie empfinden, das Leben gehe an Ihnen vorbei, ohne daß Sie etwas davon haben. Es rinne Ihnen zwischen den Fingern weg. Dann hilft es viel, wenn Sie sich ganz einfach erinnern, wenn Sie für das danken, was Ihnen das Leben schon gegeben hat. Das ist meistens viel mehr, als wir uns klarmachen. Und daß Sie diesen Dank Gott gegenüber in Worte fassen: Ich danke dir.

Vielleicht haben Sie Angst, weil Sie meinen, es könne in ihrem Leben nichts richtig laufen, wenn Sie es nicht in der Hand haben. Dann hilft es viel, wenn Sie einmal gerade loslassen. Sagen: Es ist einer da, der einen Plan mit mir hat. Dem vertraue ich mich an. Ich willige ein. Wer sich führen läßt, kann viel Angst ablegen.

Vielleicht haben Sie Angst, weil Sie meinen, Sie seien so klein und unwichtig. Dann hilft es viel, zu sagen: Einzig entscheidend ist, daß ich für Gott wichtig bin. Im übrigen setze ich mich für etwas ein, das wichtiger ist als ich selbst. Der Dichter Chesterton fragt einmal: „Warum können die Engel fliegen?“ Und antwortet: „Weil sie sich leicht nehmen.“ Den Spruch können Sie sich gerne übers Bett hängen.

Vielleicht haben Sie Angst, weil Sie sich vorgenommen haben, nur das zu glauben, was Sie sehen. Und weil das natürlich sehr wenig ist, leben Sie in einer kleinen und engen Welt. Angst kommt von Enge. Aber die Welt ist größer und Ihre eigene Zukunft reicht weiter, als Sie sehen. Grenzen überschreiten, in die man sich selbst eingesperrt hat, ist ein gutes Mittel gegen die Angst.

Danken. Einwilligen. Sich leicht nehmen. Den Blick weiten. Je nachdem, wo die Angst ihren Grund hat. Und was dann noch bleibt, das haben wir offenbar zu tragen.

Jetzt, in der Passionszeit, üben wir das ein. Wir gehen in Gedanken mit Jesus Christus und sehen, wieviel die Liebe bewirkt. Wir gehen mit bis an den Tag der Auferstehung und sehen, daß das Leben und die Freiheit vor uns liegen.

Die Angst wird letztendlich von zwei Seiten her überwunden: Von der

Liebe her, die uns das Licht gibt, und von der Auferstehung her, die uns befreit.

Jesus sagt: Ich öffne euch eine Tür, und niemand wird sie euch wieder verschließen.

Es gefällt Gott, in der Nacht zu kommen

Wahrscheinlich ist die Zahl der Leute groß, für die ihre gealterten Eltern zu einem Problem geworden sind. Neulich beschwerte sich bei mir ein 50-jähriger: Es sei unbegreiflich, wie eigensinnig sein alter Vater sei. Er hänge an seinem Willen wie ein Kind an seinem Spielzeug. Man müsse doch im Alter lernen können, daß nicht mehr alles nach dem eigenen Willen geht.

Von dem so angeklagten alten Herrn hörte ich dasselbe, anders herum: Das Schwerste sei, meinte er, daß man sich nicht mehr wehren könne, daß man nicht mehr selbst bestimmen könne, was geschieht.

Das ist beides wahr – wenigstens solange die Jüngeren nicht auf die Radikallösung verfallen, die mir unlängst einer angepriesen hat: Man möge doch alle Leute mit 70 entmündigen. Dann herrsche Frieden. Die Jungen hätten zu gehorchen. Alte hätten nichts zu sagen. Was geschieht, befehlen die dazwischen. In der Tat, das wäre bequem und klar.

Ich fürchte nur, daß mir, wenn ich es erlebe, eines Tages der Sohn jenes 50-jährigen dasselbe Klagelied über seinen Vater singen wird. Denn wie will man als einer, der noch voll im Besitz seiner Kräfte und seines Willens ist, eines Tages mit der Tatsache zurechtkommen, daß man mit beidem an seine Grenze stößt?

Einen Hinweis, wie man zurechtkommt, enthält eine Erzählung aus der Leidensgeschichte, die in den Kirchen jetzt eben gelesen wird: Sie zeigt Jesus am Ende seiner öffentlichen Tätigkeit. Es ist im Grunde alles aus, und vor ihm stehen nur noch Verhaftung, Prozeß und Hinrichtung. Die Menschen, die um ihn sind und ihn lieben, können ihm nicht mehr helfen. Es ist Abend, und Jesus verbringt die Nacht im Garten Gethsemane, in der Einsamkeit.

Er weiß: Hier geschieht zuletzt nicht, was seine Gegner wollen, so wenig wie das, was er sich wünscht, sondern was Gott vorhat, und so versucht er, seinen eigenen Willen mit dem Gottes in Einklang zu bringen. Er beginnt so, daß er Gott beschwört, er möge ihm doch dieses Schicksal ersparen, und endet damit, daß er seinen Willen freigibt mit den Worten: „Vater, nicht mein, sondern dein Wille geschehe."

Kurz danach umstellt ihn die Tempelpolizei. Aber die Fesseln, die man ihm anlegt, nehmen ihm seine Freiheit im Grunde nicht mehr. Für Menschen gibt es hier nicht mehr viel zu verhaften.

Hier liegt eine Aufgabe, die die zweite Lebenshälfte jedem stellt. Denn, was dann geschieht, selbst zu wollen, das muß man lernen, wenn man nicht am Ende verbittern will.

Es könnte zu den kleinen täglichen Meditationsübungen gehören, die sich ohnedies empfehlen, daß man von Tag zu Tag diesem Satz nachdenkt und ihn immer wiederholt, bis er sich für die Praxis des eigenen Lebens klar abzeichnet: „Nicht mein, sondern dein Wille soll geschehen."

Was dabei zu gewinnen ist, ist jene Gelassenheit, die der Jüngere am alten Menschen im Grunde sucht und lieben möchte, aber auch ein neues Vertrauen zwischen den Generationen. Denn wer beizeiten anfängt, seine eigene Herrschsucht unter Kontrolle zu bringen, wird nicht fordern, daß ein alter Mensch sich einfach fügt.

Aber wenn man versucht, seinen Willen abzugeben, dann sollte das nicht aus der Resignation heraus geschehen – es sei ja doch nichts zu machen –, sondern aus Vertrauen.

Es hat einer gesagt: Es gefällt Gott, in der Nacht zu kommen. Darum fürchte die Nacht nicht. Das will sagen: Was sich am Ende durchsetzen wird, ist nicht nur der stärkere, sondern vor allem ein gütiger Wille. Es ist erlaubt, gelassen zu sein.

Die Hand hinhalten

An die Kranken und Leidenden

Zu Beginn der Passionswoche wende ich mich besonders den Kranken oder – auf irgendeine Weise – Leidenden zu. Also denen, die die Passionswoche aus der Anschauung kennen.

Sie wissen, der Palmsonntag hat seinen Namen daher, daß Christus an diesem Tag in einem festlichen Auftritt in die Stadt Jerusalem einzog, auf einem Esel reitend, von der Bevölkerung mit Palmzweigen begeistert als neuer König Israels begrüßt. Danach folgt aber nun keineswegs eine Machtübernahme, sondern eine vier Tage dauernde Auseinandersetzung mit den religiösen und politischen Autoritäten. Was da besprochen wird, gehört bis heute zum Grundbestand an Gedanken, die einer einmal ernsthaft bedacht haben muß, wenn er über sich selbst Klarheit gewinnen will. Am Donnerstag folgt der Abschied, den Jesus mit seinen Freunden feiert, und die Einsetzung des heiligen Abendmahls, am Freitag die Verurteilung wegen Gotteslästerung und die Hinrichtung am Kreuz.

Was in dieser Woche geschieht und was wir dabei vor Gott und uns selbst bedenken, das wird der besser verstehen, der irgendwann einmal an die Grenze seiner Kraft kam. Es muß einer aber tief gelitten haben, der das Wort verstehen will, das in der dunkelsten Stunde diese Woche gesprochen wird: „Mein Gott, mein Gott, warum hast du mich verlassen?“ Über den lieben Gott reden kann jeder. Aber weiter reden zu dem dunklen Gott, dem wirklichen Gott standhalten, wenn der Glaube zu zerbrechen droht, das setzt einen Menschen voraus, der die Passionswoche mit Christus zusammen immer und immer wieder zur Übung mitgegangen ist. Denn der Glaube zerbricht nicht nur an der Leichtfertigkeit, sondern unter Umständen auch an den körperlichen Schmerzen, an der Schwäche oder der Schlaflosigkeit.

Der Schriftsteller Reinhold Schneider (1903–1958) hat in seiner letzten, schweren Krankheit den Vers geschrieben:

Laß mich nicht sinken, laß die Seele nicht
im Schmerz ermatten, nicht die dumpfe Haft
der Krankheit brechend letzte Glaubenskraft
und nicht in Klagen enden mein Gedicht.

Das Gedicht seines Lebens meint er.

Nun, diese Woche begann für uns, als wir Kinder waren, ganz lustig. Wir waren gespannt darauf, wer am Morgen des Palmsonntags zuletzt aufstehen würde. Und der war dann den ganzen Tag über der Palmesel. Daß niemand Palmesel sein wollte, ist eigentlich nicht recht zu begreifen. Denn im Grunde ist dieses Tier zu einem großartigen Symbol geworden: ein Träger, ein Reittier zu sein für den Christus, der den Frieden bringt. Und wenn das für einen Esel schon ein Symbol ist, dann liegt für uns Menschen darin das Befreiende und Erlösende schlechthin: ein Lastträger zu sein, der sich und anderen Frieden zuträgt, statt nur eben eine Last zu schleppen. Christus zu tragen, wo es ohne Christus nur Schmerzen und Angst zu tragen gibt.

Wenn Sie mich fragen, wo in dieser Welt man eigentlich die wirkliche Kirche zu sehen bekomme, nicht die Gebäude und nicht die Organisationen, sondern die Kirche selbst, dann sage ich: Dort, wo Menschen den mühsamen Weg mit Christus zusammen durchstehen, durchhalten. Und wenn Sie mich fragen, was ein Priester und ein Geistlicher sei, dann sage ich: Das ist nicht in erster Linie der Mann im schwarzen Anzug, sondern der Mensch, der dem anderen neben ihm auf diesem Weg ein Bruder ist. Ein Bruder gerade auch denen, die diesen Weg der Schmerzen und der Angst ohne Glauben gehen.

Und diese stille, verborgene Kirche ist unverwundbar. Wer diesen Weg geht, ist unverwundbar. Jeder, auch Sie und ich, denn am Ende dieser Woche – oder wie Sie wollen – am Ende dieses Leidens steht der Ostermorgen.

Vielleicht ist Ihnen das alles zu religiös, zu sehr an Jesus Christus gebunden. Vielleicht haben Sie keinen Zugang zu all diesen Berichten über ihn oder

Erinnerungen an ihn. Vielleicht ist es für Sie ein Märchen. Aber es ist kein Märchen, sondern ein Wunder. Das ist nicht dasselbe. Das Wunder ist da. Das Wunder, daß Sie mit Christus unverwundbar sind und bei Gott zuhause.

„Nicht müde werden,"
sagt eine Frau unserer Tage in einem Vers,
„Nicht müde werden,
sondern dem Wunder
leise
wie einem Vogel
die Hand hinhalten."
(Hilde Domin)

Das können Sie. Die Hand hinhalten heißt: Jene Geschichte zwischen Palmsonntag und Ostermorgen immer wieder nachlesen, sie annehmen, in ihr mitgehen.

Sie werden unverletzt aus den Tagen oder Jahren Ihres Leidens hervorgehen und werden finden, daß Christus den ganzen Weg über neben Ihnen herging.

Ostern – Auferstehung

Ich wünsche Ihnen ein fröhliches Osterfest, und daß Sie sich freuen können an allem, was jetzt wieder wachsen und blühen und gedeihen will. Ich wünsche Ihnen aber vor allem, daß Ihnen der Sinn dieses Festes nicht ganz fremd bleibt. Und der liegt ja darin, daß wir über den Lauf des Jahres oder eines Lebens hinaus denken in die Zukunft, die erst noch kommt. Ostern ist Auferstehung.

Man hat lange gemeint, Glaube an ein Leben nach dem Tod vertrage sich nicht mit vernünftigem Denken. Aber diese Zeit haben wir zum Glück hinter uns. Man braucht kein Träumer zu sein, um zu wissen, daß in uns und um uns her eine unendlich vielschichtige Welt ist voll Lebendigkeit und Licht. Und daß Gott uns Menschen für unendlich mehr bestimmt hat, als wir in unsere kleinen Hände fassen können.

Mir persönlich ist nach allem, was ich erfahren habe, gewiß: Ich werde eines Tages sterben. Ich werde erwachen. Ich weiß nicht, welche Wege ich dann geführt werde und was für eine Art Leben das sein wird. Aber ich werde der Güte Gottes begegnen, ihrer Wärme und ihrem Licht. Ich werde heimkehren – so, als wäre ich nur eben ein paar Jahre auf einer Reise gewesen. Und Sie auch.

Ich werde durch eine Tür gehen in einen anderen, einen helleren Raum. Ich bin sehr neugierig, was mir dort begegnen wird. Oder besser: wer. Ich lese von Begegnungen der Menschen mit dem lebendigen Christus, der doch eigentlich tot gewesen war, und habe eine Ahnung.

Das wirkt sich natürlich aus. Als Jesus diese Erde verließ, sagte er: Ich lasse euch Frieden im Abschied. Euer Herz erschrecke nicht und fürchte sich nicht. Wo Frieden ist, entsteht Gelassenheit. Wo keine Angst nötig ist, wachsen Kräfte. Ostern hat Folgen.

Und wenn die Menschen so viel wert sind, werden sie mir wichtig. Dann stört es mich, wenn sie geschunden werden und ausgenützt, bedroht und belogen. Dann werde ich ein wachsamer Zeitgenosse sein und vielleicht ein unbequemer. Denn Ostern hat Folgen.

Wenn ich selbst so viel wert bin, dann werde ich mich keiner menschlichen Macht so einfach unterwerfen. Ich werde ein freier Mensch sein und meinen Auftrag von Gott entgegennehmen und von niemand sonst.

Und ich werde freundlicher in dieser Welt stehen. Weniger hassen. Mich an immer mehr mitfreuen. Immer erwartungsvoller zusehen, wie ich alt werde. Am Ende immer weniger fordern und immer weniger verweigern. Den Tod weder herbeiziehen noch hinausschieben. Er kommt, wenn es Zeit ist. Und dann ganz einfach hinübergehen, wenn der Ruf ergeht: Komm!

Ostern: Fest der Auferstehung Christi. Ich werde keine Hasen mehr verstecken. Meine Kinder sind groß. Aber ich werde Gott dafür danken, daß er Ihnen und mir das Leben zugedacht hat. Das bleibende.

Ich wünsche Ihnen einen festlichen Ostertag.

Ostergelächter

Der Frühling, der zur Zeit mit Maßen ausbricht, trifft auf nüchterne Verbraucher. Wer schreibt heute noch lyrische Gedichte auf den Frühling? Wer gerät noch in Ekstase etwa durch die Musik, die die Vögel im Wald anbieten?

Und wenn wir in der Evangelischen Kirche den Sonntag des Singens begehen – Kantate (4. Sonntag nach Ostern) –, dann stört uns Heutige möglicherweise schon der Gedanke, wir würden später, im Himmel, eine Ewigkeit Halleluja singen und die Harfe schlagen müssen.

Der bayerische Postmeister von Ludwig Thoma, der sich lieber aus dem Himmel hinauswerfen läßt als sich diesem musikalischen Diktat zu beugen, und der lieber auf der Erde den dienstlichen Gesichtsausdruck übt, ist ein typisch moderner Mensch.

Dabei war es keineswegs immer so. Die Osterzeit war früher beherrscht von lärmender Begeisterung. Man stimmte in den Gottesdiensten – wer würde in den gemessenen Veranstaltungen von heute so etwas riskieren? – ein langes, breites Gelächter an, das sogenannte Ostergelächter, mit dem man seiner Überlegenheit über Tod, Teufel und alles Böse Ausdruck gab.

Ein altes Lied in der Bibel beginnt mit dem Vers: „Allen Mächten zum Trotz will ich singen." Und allen Mächten zum Trotz haben die Christen früher ihr Gelächter angestimmt. Wer sollte ihnen nach Ostern noch gefährlich werden? „Ist Gott für uns, wer mag wider uns sein?" fragten sie. Und diese kämpferische Überlegenheit ist die Stimmung, die der Zeit nach Ostern am genauesten entspricht.

Was mich an der gegenwärtigen Auseinandersetzung um die Osterfrage in unseren Kirchen und um sie her stört, ist nicht so sehr, daß viele Ostern für eine Legende halten – das ist ihre Sache –, sondern daß die, die Ostern besser kennen, zu keinem befreienden Gelächter, keinem Humor und darum auch zu keiner wirklichen Überlegenheit fähig sind. Daß es so langweilig zugeht.

Dabei liegt in der „fröhlichen Osterzeit" – wie man so sagt – eine uralte Erfahrung, die Sie heute wie je machen können. Es ist doch bemerkenswert, daß die zuversichtlichsten Leute keineswegs immer die sind, denen es am besten geht. Im Gegenteil. Da gerät einer in Angst und Schmerzen, da verliert er alle Chancen und alle Hoffnungen, und auf einmal, an der äußersten Grenze, wo er eigentlich verzweifeln müßte, kommt eine ganz seltsame Gelassenheit und Klarheit über ihn, die ihm selbst so neu und fremd ist. Er sagt, allen Mächten zum Trotz: Ja, das nehme ich an. Dieses Schicksal. Und auch mich selbst in meiner ganzen Armseligkeit. Es ist gut, wie es ist. Ich danke Gott dafür. Und er macht die Erfahrung, daß dabei Kräfte ins Leben hereinkommen, die vorher nicht drin waren. Vielleicht für Tage, vielleicht für Augenblicke. Ein andermal steht er wieder an der Grenze und muß wieder durchfinden.

Jesus, der sein Leben lang mit dem Elend zu tun hatte, sagte: Wenn du nicht aus noch ein weißt, dann, genau dann, laß alle Sorgen fahren. Wenn du völlig verlassen bist, dann rechne damit, daß dich einer behütet.

Seit Jesus weiß die Menschheit, daß das Glück in der Überwindung des Schrecklichen liegt. Seit ihm wagen es die Menschen mit diesem Vertrauen und merken, daß es trägt. Eben, weil Ostern keine Legende ist.

Eine fröhliche Osterzeit wünschen wir einander nicht, weil die Welt so schön ist, sondern weil es eine Überlegenheit gibt über alles Dumme und Gefährliche in ihr. Und mit uns selbst finden wir uns nicht deshalb ab, weil wir prächtige Menschen sind, sondern weil ein anderer uns bejaht. Der

Humor geht ja denn auch am leichtesten dem verloren, der am hartnäckigsten von sich selbst überzeugt ist.

Sich selber nicht gar so wichtig nehmen, damit könnte es anfangen. Angelus Silesius schreibt einmal:

> Mensch, hüte dich vor dir. Wirst du mit dir beladen,
> wirst du dir selber mehr als tausend Teufel schaden.

Ein Ostergelächter auch einmal über sich selbst anstimmen, das könnte einen Versuch wert sein. Ich wünsche Ihnen, daß Ihnen jetzt im Frühjahr, wo es am leichtesten ist, ein paar Takte davon gelingen.

Achtsam leben

Liebe zur Erde

Ich habe in letzter Zeit immer wieder gefragt, was wir heute tun können, damit unsere Kinder und Enkel noch ein Land haben, in dem sich zu leben lohnt. In dem noch Brot wächst, in dem der Himmel noch blau ist und die Fische im Wasser und die Schmetterlinge auf den Wiesen noch ein Lebensrecht haben. Wir finden seit einiger Zeit jeden Morgen den Umweltskandal vom Tage in der Zeitung so sicher wie den Kaffee in der Tasse. Wir müssen uns doch endlich fragen, ob wir Menschen nicht in einer verhängnisvollen Weise falsch mit unserer Welt umgehen. Es ist doch ein Irrtum, wenn wir meinen, alles in der Welt gehöre uns Menschen. Die Welt gehört uns nicht. Sie gehört unendlich vielen Lebewesen und uns Menschen gemeinsam. Es ist doch ein Irrtum, die Experten könnten vorauswissen, ob irgendwo ein Schaden entsteht oder nicht. Sie irren sich täglich.

Es gibt ein paar sehr alte Überlegungen zu diesem Thema, die wir wieder einmal hören sollten.

Da erzählt die Schöpfungsgeschichte in der Bibel: Gott machte einen Garten für die Pflanzen und die Tiere, die er geschaffen hatte, und zuletzt setzte er den Menschen hinein. Und zwar sozusagen als den Verwalter. Der Mensch sollte, das war sein Auftrag, den Garten Gottes bebauen und bewahren. Er sollte Verantwortung übernehmen für die Tiere und die Pflanzen und für das Gedeihen aller lebendigen Wesen. Das Paradies war ja kein Schlaraffenland, sondern eine ausgewogene Welt, in der der Mensch seinen genauen Platz und Auftrag hatte.

Diesen Gedanken setzt im Neuen Testament Paulus fort, wenn er sagt: Der Mensch ist dazu bestimmt, ein Sohn Gottes zu sein. Ein Sohn, das heißt ein Stellvertreter, ein Beauftragter, ein Repräsentant. Der Mensch ist berufen, an der Stelle Gottes über die anderen Geschöpfe zu herrschen und sie zu bewahren. Bislang, sagt Paulus, leidet aber die Natur, und sie sehnt sich danach, daß der Mensch sich endlich als ein wirklicher Vertreter Gottes auf der Erde erweist. Als sein bevollmächtigter, verantwortlicher Mitarbeiter.

Wir begreifen das heute wieder leichter als unsere Großväter vor achtzig Jahren. Als man noch meinte, der technische Fortschritt bringe das Paradies auf die Erde. Heute kann man wissen, daß er die Erde aus einem Garten in eine Wüste verwandeln wird, wenn nicht eine Änderung einritt. Eine gründliche. Wir müssen doch heute endlich begreifen, daß uns Menschen auf dieser Erde im Spiel der Kräfte eine bestimmte Rolle zugewiesen ist. Wir können doch wissen, daß wir auf bestimmte Fragen heute Antworten geben müssen.

Zum Beispiel: Was muß denn für unsere Enkel und Urenkel noch da sein? Wollen wir wirklich in zwei Generationen alles verbrauchen, was die Erde hat? So, daß unsere Kinder und Enkel uns am Ende verfluchen für das, was wir haben verkommen und verwahrlosen lassen, was wir vergiftet und verdorben und verdreckt haben?

Im Grunde sind wir heute darauf angewiesen, daß die Brutalität, in der wir mit der Erde umgehen, sich nicht an uns rächt. Unsere Hoffnung kann eigentlich nur darin bestehen, daß nicht das geschieht, was wir fahrlässig bewirken. Wir können nur hoffen, daß sich ein höherer Wille gegen unseren menschlichen Willen durchsetzt. Und unsere Aufgabe besteht darin, dem Willen Gottes in dieser Welt Raum zu geben auch gegen unser eigenes kurzlebiges Interesse. Wenn die Menschheit das nicht lernt, ist sie am Ende ihrer Laufbahn.

Die Welt dem zurückgeben, dem sie gehört, das ist kein religiöses Gerede, sondern eine praktische Aufgabe. Liebe aufbringen zur Erde und zu ihren Geschöpfen, das ist keine rührselige Romantik mehr für weiche Gemüter, sondern eine Lebensbedingung. Das Ziel, nämlich eine Erde, die in der Hand eine freien, zur Liebe fähigen Menschen ist, ist keine Utopie mehr, sondern Hausaufgabe für uns alle für die nächsten Jahre.

Vielleicht haben wir doch noch die Chance, endlich die zu werden, die wir sein sollen, nämlich verantwortliche, behutsame Vertreter und Beauftragte Gottes auf dieser Erde, und den Garten Gottes, wie die alte Geschichte sagt, zu bauen und zu bewahren.

Arbeiten und ruhen

Zum 1. Mai

Karl Barth, der große Lehrer der evangelischen Christenheit in den zwanziger und dreißiger Jahren des 20. Jahrhunderts, begann in jener Zeit eine Predigt zum Maianfang ganz freundlich mit dem Liedvers:

> Der Mai ist gekommen, die Bäume schlagen aus.
> Da bleibe, wer Lust hat, mit Sorgen zuhaus.
> Wie die Wolken dort wandern am himmlischen Zelt,
> so steht auch mein Sinn in die weite, weite Welt.

Aber nach diesem romantischen Anfang machte er eine kleine Pause, dann schlug seine Stimme um, und er fuhr seine Gemeinde dem Sinn nach etwa so an: Nein! Nicht der Mai ist gekommen. Nicht Frühlingsromantik ist es, was wir brauchen. Christus ist gekommen. Christus ist auferstanden. Christus ist zum Himmel gefahren. Christus sendet seinen Geist. Und aus dem Geist, den Christus sendet, kommt die Erneuerung der Welt.

So zu kontern, war hoch vonnöten in einer Zeit, in der die deutsche Frömmigkeit sich auf Blut und Boden gründete, auf Vitalität, auf die Verherrlichung der männlichen Kraft und der weiblichen Fruchtbarkeit, als man den ersten Mai mit Maibäumen und Maispielen beging und doch nur die Weltherrschaft des deutschen Reiches und der nordischen Rasse meinte. Jene Frömmigkeit, die scheinbar dem Leben zugewandt war und tatsächlich die Sehnsucht nach dem Tode, dem Heldentod, in die Herzen junger Menschen pflanzte.

Es war und ist nötig. Denn was wir brauchen, ist ein Leben, das nicht den Tod braucht, um Leben zu sein, sondern ein Leben, das bleibt und das den Tod überwindet. Und was wir brauchen, das ist auch angesichts der blühenden Bäume die Erfahrung Gottes, der auch Leben aus dem Tode des Menschen zu wecken vermag und neues Leben aus dem Untergang dieser ganzen Welt.

Was wir heute wieder begreifen müssen, das ist, daß der Mai und seine Schönheit auf Ostern folgen. Wem die Auferstehung Christi aus dem Tode der Ausgangspunkt ist für seinen Glauben und für seine Hoffnung, der kann auch diese Welt lieben, der kann auch singen: Der Mai ist gekommen, die Bäume schlagen aus – und mit oder ohne Rucksack, mit oder ohne gelbe Kreissäge auf dem Kopf durch die Fluren wandern. Er wird mehr wahrnehmen als nur Bäume und nur junges Grün. Er wird sich als den beauftragten Heger und Schützer verstehen, der dafür zu sorgen hat, daß dies alles, dies Schöne und Lebendige, auch unseren Kindern und Enkeln erhalten bleibt. Denn hier liegt die Entdeckung, die gerade uns Christen heute bevorsteht: daß Glauben an Gott den Schöpfer heißt: das Geschöpf lieben und schützen und sein Leben sorgsam bewahren vor der Gewalttätigkeit und dem Eigennutz und der Torheit der Menschen. Das Thema ist neu, und es ist brennend. Und es ist alles andere als romantisch. Es ist ein religiöses, und es ist ein politisches Thema. Und der erste Mai könnte uns sagen: Was willst du, Mensch, tun, damit die Welt mit all ihrer Schönheit nicht durch dich zugrunde geht? Worauf willst du verzichten, was willst du von dir selbst fordern, damit du nicht zu den gedanken- und hirnlosen Zerstörern gehörst, die heute die Erde zertrampeln?

Aber der erste Mai ist ja seit vielen Generationen auch der Tag, an dem die Arbeiterbewegung für die ausgebeuteten Klassen, die mit der Industrialisierung unseres Landes entstanden, einen neuen Frühling der Freiheit, des Rechts und des Lebens forderte. Der erste Mai ist auch der Tag, an dem wir über die Arbeit nachdenken und über die Freiheit des Menschen von der Arbeit.

Es waren wieder die Nazis, die diesen Tag mißbrauchten, um den Willen zur Arbeit um des Vaterlandes willen in die Menschen zu pflanzen. Arbeit adelt, hieß eines der Schlagworte, mit dem man die Menschen in die entstehende Rüstungs- und Kriegsindustrie hineintrieb. Wir hörten das als Buben und ergänzten den Satz nach unserem Geschmack: „Arbeit adelt. Wir bleiben bürgerlich." Arbeitsdienst ist Ehrendienst, bläute man uns ein, als wir im Reichsarbeitsdienst mit dem Spaten exerzierten. Arbeit macht frei, schrieb man endlich auf die Tore von Konzentrationslagern, wo nicht die Freiheit, sondern der Tod wartete.

Und manchmal hört man das Lob des Fleißes und der Arbeit auch aus christlichem Mund. „Der Mensch ist zur Arbeit geboren wie der Vogel zum Fliegen", sagt Luther, und er gab damit die Melodie an, nach der man in Deutschland künftig Sauberkeit, Zucht, Ordnung, Fleiß und Arbeitsamkeit für christliche Tugenden hielt. Aber christlich ist das nicht.

Denn man hat ja seit dem Aufkommen der Industrie im 19. Jahrhundert den Fleiß und die Unterordnung und die Pflichterfüllung auch deshalb für so sehr christlich gehalten, weil man auf diese Weise die zur abhängigen Arbeit verdammten Menschen beim Gehorsam halten konnte. Bei ihrer Pflicht, zu dienen, zu schuften und nichts zu begehren. Die weltliche Obrigkeit sagte: Ruhe ist die erste Bürgerpflicht. Und die Kirchen priesen die Ehrfurcht vor der Obrigkeit als die christlichste aller Tugenden.

Ich sage das nicht ironisch, sondern zornig. Wo bleibt da eigentlich Jesus Christus? Hat Jesus nicht seine besondere Nähe gerade denen gewährt, die von ihrer Obrigkeit ausgenützt wurden? Von den Abhängigen, den Schwachen, denen, die kein Recht auf ihrer Seite haben? Hat sich Jesus dafür eingesetzt, daß die Produktionsverhältnisse stabilisiert werden – oder für die Menschen?

Und wie denken wir nun als Christen über die Arbeit? Zunächst haben wir für die Tatsache, daß wir arbeiten müssen, um zu leben, eine ganze Menge übrig. Keine Religion der Erde kennt eine so positive Wertung der

Arbeit wie das Christentum. Das hat seinen Grund. Denn für Christen ist Gott kein über der Welt thronender, ferner, geistiger Gott. Er ist vielmehr ein schaffender, ein wirkender und gestaltender. Gott schuf, so erzählt die Schöpfungsgeschichte – Gott schuf seine Welt, und am Ende freute er sich an seinem Werk und fand es gut, sogar sehr gut. Diese Freude am Schaffen und Gestalten spiegelt sich durchaus in der Aktivität, mit der die Christen seit nun fast zweitausend Jahren die Welt in die Hand nehmen, sie gestalten und umgestalten, ihre Gesetze erforschen und anwenden und schließlich eine neue, eine technische Welt nach eigenen Vorstellungen entwerfen und verwirklichen. Die moderne Naturwissenschaft und die moderne Technik konnten nur auf der Grundlage des christlichen Glaubens entstehen.

Man hat schon gesagt, nach heutiger Einsicht in die Schöpfung müsse man eigentlich von Gott als einem „Mathematiker“ sprechen. Vielleicht ist das richtig. Aber dann müßte man auch von einem Physiker sprechen, von einem Chemiker, einem Biologen, einem Psychologen, jedenfalls von dem Urheber, dem Erfinder alles dessen, was der Mensch nachträglich mit Mühe zu unterscheiden, zu erkennen, zu entziffern sucht. Wenn aber die Welt sich in den Zahlen der Mathematiker deuten läßt, dann nur deshalb, weil Gott, an dessen Gedanken der Mensch Anteil hat, ihn sozusagen rechnen gelehrt hat.

Aber das Gottesbild der Bibel hat zwei Seiten, und das war viel weniger deutlich. Von Gott wird auch gesagt: Er ruhte von seinem Werk. Am siebten Tage ruhte er von seinem Wirken und Schaffen. Gott ist also auch ein ruhender Gott, ein gelassener Gott. Ein Gott, der durchaus nicht immer werken und wirken muß. Und diese Gelassenheit Gottes, das ist etwas, das so wenig in unser abendländisches Denken paßt, daß wir es heute ganz neu entdecken müssen. Und zwar darum, weil es für uns lebensnotwendig ist, es zu entdecken.

Denn Gott ist auch einfach ein Gott, der ist. Und dieser Gott, der durchaus nicht immer wirken muß, um zu sein, der schafft Menschen, die durchaus nicht immer etwas tun müssen, um zu sein. Die auch die Gelassenheit des einfachen Daseins finden können, die Ruhe, in der alles gut ist. Die auch einfach atmen dürfen, schauen, hören, vielleicht etwas denken. Aber alles in dem Vertrauen, daß ihnen nichts fehlt, wenn sie nichts tun.

Es ist schon sehr sinnvoll, daß die Bibel Tage der Arbeit und Tage des Ruhens hat. Und es ist ein Zeichen eines großen und tiefen Mißverständnisses, wenn wir meinen, auch am Feiertag müßten wir unbedingt etwas tun, und sei es nur, drei Stunden auf der Autobahn fahren, um doch ja irgendetwas zu erleben.

Europa ist krank geworden, das christliche Europa, an seiner unablässigen Betriebsamkeit. Wenn es für uns etwas Heilendes gibt, dann zu lernen, daß wir Menschen sind, auch wenn wir in der Sonne liegen oder vor einer Landschaft sitzen und nichts tun. Oder wenn wir die Bilder betrachten, die in unserer eigenen Seele aufsteigen, wenn wir mit unseren Gedanken spielen oder im Gespräch sind mit Gott.

Es ist unsere Krankheit, daß wir unablässig Energie nötig haben, seelische und körperliche, am Feiertag nicht weniger als am Arbeitstag, und daß uns dabei keine Energie zuwächst, weder körperliche noch seelische.

Wir müssen in der Tat neu über den Sinn unseres Arbeitens nachdenken unabhängig auch von allen sozialpolitischen Themen. Denn unsere Rastlosigkeit und der Energieverzehr in uns, den Menschen, spiegelt sich darin, daß unsere Arbeit auch unsere Erde auszehrt. Wir arbeiten so, daß wir nicht nur an unserem Leben vorbeileben, sondern auch die Lebensfähigkeit unserer Erde in Gefahr bringen. Unsere Wirtschaft muß wachsen und wachsen und wachsen, sich aufblähen, würde man besser sagen, und alles nur, damit unser hektischer Lebensstil und unser übersättigter Wohlstand bleiben. Ob unseren Enkeln noch das Nötigste zum Leben bleibt, darüber denken schon die wenigsten nach.

Wir produzieren und produzieren und fragen schon gar nicht mehr, ob irgend jemand das, was wir produzieren, wirklich braucht. Sollten wir nicht ganz von vorn prüfen, wozu der Mensch arbeitet und was durch die Arbeit des Menschen entstehen soll?

Vielleicht ist ein Spaziergang am 1. Mai eine gute Gelegenheit, um darüber nachzudenken, wie heute die Schönheit der Natur und unser wirtschaftliches System zusammenhängen. Ob Sie das als Christen tun oder als Weltkinder, eine Antwort werden Sie finden müssen.

Und nun wünsche ich Ihnen einen schönen Tag. Ich wünsche Ihnen Freude an unserem blühenden Land. Ich wünsche Ihnen, daß Sie aufatmen können und ein wenig frei sein. Ich wünsche Ihnen die Gelassenheit, aus der neue Kräfte kommen. Und ich wünsche Ihnen, daß Sie dann ihre Kraft einsetzen können, um etwas Gerechtes zu tun. Damit wir miteinander herausfinden, wie wir künftig miteinander arbeiten sollen – als Christen und Nicht-Christen –, damit unsere Kinder und Enkel leben können.

Ein Kaktus statt Blumen

Zum Muttertag

Zum Muttertag erwarten Sie Blumen. Aber ich habe Ihnen heute etwas anderes mitgebracht: einen Kaktus.

Ich war in den letzten Tagen in Sardinien und traf dort auch deutsche Soldaten, die zum Teil schon lange nicht mehr zuhause waren. Wir saßen beieinander und sprachen von daheim. Und als ich beiläufig sagte, ich hätte heute abend das Wort zum Sonntag zu sprechen, hatte ich schon meinen Sonderauftrag: Ich sollte *ihre* Mütter irgendwie ganz besonders grüßen. Und da kamen sie darauf, ein Kaktusblatt aus einer der endlosen Hecken dort unten herauszuschneiden, eins in Herzform. Dieses hier.

Ich grüße also heute abend besonders alle Mütter, die einen Jungen in Sardinien haben. Aber vielleicht ist dieser Kaktus in Herzform für alle Mütter ein Zeichen, daß die Stacheln, die sie möglicherweise an ihrem Jungen sehen oder spüren, nur außen herum sind und daß sie doch auf einem Herzen sitzen. Das muß man einer Mutter hin und wieder sagen.

Denn es gehört heute Mut dazu, auf die Dauer eine Mutter zu sein. Ich meine auf die Dauer. Nicht nur, solange die Kinder klein und süß sind, sondern auch noch, wenn sie größer sind und weniger süß. Jedenfalls ihren Müttern gegenüber.

Auf der anderen Seite weiß ich nicht so ganz, ob es richtig ist, wie wir diesen von der amerikanischen Werbung erfundenen Tag der edelmütigen Mütter und der liebevollen, braven Kinder feiern. Die Mütter, die ich kenne, sind normale Menschen ohne Goldhintergrund. Und die Großmütter, die ich kenne, stammen auch nicht aus dem Märchen. Sie sind keineswegs immer voll abgeklärter, tiefer Lebensweisheit.

Ich fürchte, je mehr das „Mütterliche", wie man so schön sagt, zu einem Götzenbild aus Güte und Weisheit aufgepulvert wird, desto weniger können die wirklichen Menschen daneben bestehen, die wirklichen Frauen in unseren Familien, die wirklichen Mütter.

Ich möchte Ihnen heute abend jedenfalls Mut machen, die Mütter zu sein, die Sie sein können. Ich möchte Ihnen Mut machen, weil es ja gar nicht Ihre mühsame Privatsache ist, daß sie eine Mutter sind.

Es liegt ein höchst nüchterner und höchst amtlicher Auftrag darin und der ist entscheidend. Von Gott kommt ja nicht nur das Kind, sondern auch das Amt. Und wenn Sie Ihr Kind einmal zur Taufe gebracht haben, dann wurde dieser amtliche Auftrag ja auch ausdrücklich ausgesprochen.

Er bedeutet unter anderem, daß Sie den Mut haben sollen und dürfen, mit Ihrem Kind zu reden, auch wenn es dem Gespräch aus dem Weg geht. Daß Sie für Ihr Kind weiter nachdenken, auch wenn es meint, selber groß zu sein. Daß Sie Ihr Kind und allen Kummer um seine Dummheiten und sein Unrecht im Gebet zu Gott bringen, wie sie es seinerzeit zur Taufe gebracht haben. Und daß Sie schließlich – das ist das Schwerste und gehört auch zu Ihrem amtlichen Auftrag – Ihr Kind freigeben, freilassen. Nicht laufen lassen, aber freigeben.

Wenn Sie sagen: Das ist mir alles zu viel und zu hoch. Ich komme schon mit dem Täglichsten nicht zurecht. Wenn die Mutter also in ihrem Amt versagt oder zu versagen meint, dann bleibt erst recht nichts anderes, als das

Versagen und die Mutlosigkeit vor Gott zu bringen und neu anzufangen. Denn Gott verlangt nicht die vollkommene Mutter. Er will lediglich, daß ein Amt, das von ihm kommt, mit ihm zusammen durchgestanden wird. Und vielleicht ist der Muttertag auch einmal ein Tag, an dem Väter, Mütter und Kinder einander die Sünden vergeben und einen neuen Anfang miteinander versuchen.

Im Alten Testament steht:

Wandelbar ist die Anmut,
ein flüchtiger Hauch die Schönheit.
Eine Frau, die Gottes Auftrag ernst nimmt,
ist wert, daß wir sie rühmen.

Das gilt denen, deren Auftrag es ist, Mutter zu sein, und den vielen anderen Frauen ebenso, deren Auftrag von Gott in ganz anderen Bereichen unseres heutigen Lebens liegt als in dem der Familie.

Nun, was die Mütter angeht: Ich wünsche Ihnen, wie gesagt, einen nüchternen Mut zu Ihrem Amt. Ich wünsche Ihnen, den Müttern und den Kindern, einen Tag der gemeinsamen Dankbarkeit dafür, daß sie sich gegenseitig haben, auch wenn keiner von uns ganz ohne Stacheln ist.

Nie weiter entfernt als ein Gebet weit

Zum Fest Christi Himmelfahrt

Jeder kennt die berühmte Auskunft eines Weltraumfahrers, er habe dort oben von seiner Kapsel aus einen Gott nicht entdecken können. Jeder weiß mittlerweile auch, daß man auf so einfache Weise nicht dahinterkommt, wo der Himmel ist, wo Gott sich aufhält und was insbesondere der seltsame Gedanke bedeutet, Christus sei gen Himmel gefahren.

Da ist es immer noch besser, von Gott und Himmel überhaupt nicht zu sprechen, sich statt eines Himmelfahrtstages einen familiären Vatertag zu gönnen und das schöne Wetter, wenn man es hat, zu einem besseren Kontakt mit der guten, alten Mutter Erde zu nützen, mit Spazierstock und Strohhut als sanfter Erdenbürger gekennzeichnet.

Das ist auch deshalb sinnvoll, weil unsere Probleme sich vorwiegend hier unten anstauen und weil sie sich durch Flüge ins All oder ins Nichts sicher nicht lösen lassen.

Aber wenn es schon um unser Leben hier auf dieser Erde geht, dann behaupte ich – und verstoße dabei übrigens mit Vergnügen gegen den Geist der sogenannten modernen Theologie –: Ob wir mit den Problemen hier auf unserer Erde fertig werden, das hängt in hohem Maß davon ab, ob wir wieder verstehen lernen, was in dem Gedanken von der Himmelfahrt Christi eigentlich drin ist.

Das geht nicht in ein paar Minuten. Ich will aber andeuten, was ich meine: Wenn wir überhaupt davon ausgehen, daß ein Gott ist, und wenn wir irgendeinen Wert darauf legen, was Jesus Christus uns gesagt hat, dann wissen wir von ihm, daß der Gott, der diese Welt schafft, ordnet und gegebenenfalls auch wieder untergehen läßt, ein Vater ist. Er sagt, durch diese ganze Welt hin sei eine große Liebe am Werk – eben die Liebe Gottes. Und Himmel – das ist ein Ausdruck für die verborgene Gegenwart der Liebe Gottes in unserer Welt.

Dorthin, sagen die Berichterstatter der Bibel, ist Christus nach seinem Tode zurückgekehrt. Und wir begegnen ihm nun überall, in den Dingen und den Gesetzen dieser Welt, mit denen wir es ja nun zu tun haben wie keine Generation vor uns.

Wie verwaltet der Mensch heute seine Macht? Am meisten Macht hat ja nicht der, der die meisten Soldaten hat, sondern der, der am meisten von der Welt und ihren Elementen versteht. Und Frieden schafft der, der diese Macht zu organisieren weiß. Wer heute die Menschheit am Leben erhalten will, muß wissen, wie man eine übergroße Weltbevölkerung ernährt und er muß wissen, wie man das Wachstum dieser Bevölkerung in Grenzen hält, ohne die Würde des Menschen anzutasten.

Wer ein Urteil haben will darüber, was der Medizin erlaubt sei und was nicht, muß sehr viel vom Leben und von seinen Gesetzen verstehen und kann dann erst eine moralische Entscheidung treffen.

Und in allen diesen Fällen wird es ein ganz gewaltiger Unterschied sein, ob für ihn diese Welt und der Mensch Apparate sind – und weiter nichts – oder ob er die Gegenwart der Liebe Gottes in allem wahrnimmt und respektiert. Denn Erkenntnis der Welt ohne Liebe und vor allem: ohne Spürsinn für Liebe – führt uns nicht weiter, sondern bringt uns nur in eine ungeheure Gefahr.

Vielleicht fragen Sie: Wieso braucht man dazu die sonderbare Vorstellung, daß dieser Christus von der Erde hier unten nach dort oben in den Himmel aufgefahren sei? Ist das nicht primitiv?

Aber die Leute, die uns davon berichtet haben, waren alles andere als primitiv. Sie wußten nur manches noch besser als wir. Zum Beispiel: daß der Mensch keine wesentliche Aussage über sich selbst, über die Welt und über Gott machen kann, ohne solche Chiffren wie „Himmel" oder „unten und oben" zu gebrauchen. Chiffren sind nicht primitiv, die Frage ist nur, ob wir sie lesen können oder ob wir inzwischen zu primitiv geworden sind. Himmel – das kann der Weltraum über uns sein. Und Himmel – das kann ein Ausdruck sein für die schaffende Liebe Gottes in allen Dingen.

In diesem doppelten Sinn sprach Johannes Keppler, der Astronom, vom Himmel, wenn er sagte, in den Sternen, in den Gesetzen und Kräften der Natur sei eine große Musik, eine Musik, die von Weisheit und Güte spricht, und wer das Herz und das Ohr dafür habe, könne sie hören. Man geht anders mit den Menschen und mit der Welt um. Ehrfürchtiger. Sorgsamer, wenn man darauf achtet.

Und man redet anders von Gott. Denn Gott ist nicht irgendwo in der Ferne, sondern sehr nahe bei uns, wenn wir sagen: Vater im Himmel! – Nie weiter entfernt als ein Gebet weit.

Sorgfalt üben

Zum Erntedankfest

Ich weiß nicht ob ihnen in einer Großstadt wie Berlin auffällt, daß die Ernten dieses Jahres abgeschlossen werden und wir dementsprechend an den nächsten Sonntagen das alte, so sehr in den Hintergrund getretene Erntedankfest feiern.

Wir tun das in einer Zeit, in der es nicht mehr selbstverständlich ist wie durch lange Jahre, daß einer seinen Arbeitsplatz hat und daß seine Arbeit ihm das Leben sichert. Daß am Ende das herauskommt, nachdem er ein Jahr oder ein Leben lang gearbeitet hat, was er sich erhofft hatte: nämlich Ernte.

Wir feiern es in einer Zeit, in der der Mensch, diese kleine Laus in der Erdrinde, sich anschickt, den wunderbaren Planeten, den er bewohnt, unbewohnbar zu machen. Unfruchtbar. Mir fiel beim Lesen der Zeitung dieser Tage eine Fabel ein, die ich irgendwo gehört habe.

Eine Maus, eine ganz gewöhnliche Hausmaus, kam an einem schönen Abend in ihren Keller und traf dort eine Pfütze an. Eine Pfütze aus bestem Wein. Das Faß war nicht gut verschlossen. Sie leckte davon. Sie trank davon. Der Wein war stark und feurig, und als sie mit der Pfütze fertig war, richtete sie sich selbstbewußt auf, strich sich die Schnurrhaare kühn hinaus, machte ein verwegenes Gesicht und rief: Wo ist die Katze?

Die Maus fällt mir ein, wenn ich sehe, wie wir Menschen heute die Welt erforschen, ausbeuten, umbauen und ruinieren und uns dabei gebärden, als wären wir die Herren der Welt.

Da behauptet man selbstbewußt: Die Wissenschaft findet alles. Was sie nicht findet, gibt es nicht. Alles ist verwendbar. Was nicht verwendbar ist, wird weggeworfen. Alles kann man ändern; was sich nicht ändern läßt, sprengt man in die Luft. Alles ist machbar, auch der Mensch, auch die Landschaft. Auch die Ernte auf den Feldern.

Das Erwachen käme für die Maus im Weinkeller vermutlich zu spät, wenn plötzlich die Katze um die Ecke käme. Das heißt, wenn die Brutalität, in der der Mensch mit seiner Welt umgeht, plötzlich auf ihn selbst zurückschlüge. Für uns Menschen des technischen Zeitalters kommt sie noch nicht um die Ecke, aber sie ist auf der Treppe. Und in unseren Tagen beginnt man es zu ahnen. Die Gefahr läßt sich nicht mehr verbergen, daß es zwischen Himmel und Erde mehr gibt als der Forscher erfaßt und der Techniker verwertet, mehr als der Planer plant und der Rechner herausgibt.

Man beginnt wieder zu begreifen, daß diese Welt immer noch tausend Geheimnisse für sich behält, wenn der Mensch zehn erforscht hat, und immer mehr und tiefere Geheimnisse, je tiefer der Mensch in seine Welt eindringt. Man ahnt, daß wir mehr von der Weisheit Gottes leben als von unserem kleinen Verstand.

Die Gefahr, in der wir heute schweben, ob nämlich unsere Erde uns in fünfzig Jahren überhaupt noch tragen wird, geht von den kleinen Erdmäusen aus, die sich Menschen nennen, die sich an ihren Kenntnissen und Fähigkeiten – entschuldigen Sie, ich muß es so hart sagen – besoffen haben und nun ahnungslos und mit Pathos in der Stimme herumlärmen: Was kost' die Welt, ich will sie kaufen! Kurz bevor die Katze kommt.

Carl Friedrich von Weizsäcker hat einmal gesagt: „Wir wissen alle, daß wir nicht wissen, wohin uns die Wissenschaft führt." Wenn das so ist, dann ist es Zeit auszunüchtern. Wenn ein kleines Mädchen spazieren geht, schärft man ihm ein, es dürfe auf keinen Fall mit fremden Männern gehen. Es könne mit einem fremden Onkel ein böses Ende nehmen. Aber der Menschheit wird zugemutet, hinter der Wissenschaft herzulaufen, von der nicht einmal Wissenschaftler selbst wissen, wohin sie die Menschheit führt. In dem naiven Vertrauen, irgendwie werde es schon gut gehen.

Das seltsam weit weggerückte Erntedankfest hat heute einen hochaktuellen Hintergrund, ob wir nun in einer Großstadt leben wie in Berlin oder auf grünen Wiesen wie in Oberbayern.

Man könnte, indem man für eine Ernte dankt, lernen, sorgfältiger mit dieser Welt umzugehen, so, daß für unsere Enkel auch noch etwas wächst. Man könnte vielleicht überhaupt wieder begreifen, daß wir auch die Ernte unseres eigenen Lebens nicht herbeizaubern können und daß, wenn unser

Leben am Ende Sinn gehabt hat, oder am heutigen Tag, der Sinn ganz anderswoher kam als aus unserem klugen Kopf.

Umkehr hat Sinn

Zum Bußtag

Ich weiß nicht, was Sie sich heute – am Bußtag – unter Buße vorstellen. Vielleicht ein deprimiertes Starren in den eigenen unübersichtlichen Seelenhaushalt? Vielleicht ein finsteres Bohren in der eigenen Bosheit? Zugegeben, da wäre manches zu tun. Aber Buße wäre es nicht.

Buße meint eine Umkehr der Blickrichtung. Das heißt: Sie schauen gerade nicht auf das hin, was Sie sind, sondern was Sie sein könnten. Sie wenden sich nach dem um, was Gott mit Ihnen gemeint hat. Und was hat Gott mit Ihnen und mir gemeint?

Aber der Bußtag hatte von jeher nicht nur einen privaten, sondern auch einen politischen Sinn. Man fragte schon immer auch so: Läuft das öffentliche Leben in unserem Land richtig? Und wie muß es laufen, damit es richtig läuft? Politik. Wirtschaft. Gesetzgebung. Rechtsprechung. Soziale Fragen. Auf diesen Feldern hat man immer schon gefragt: Sind da Korrekturen nötig? Vielleicht gar eine Umkehr?

Ich will deshalb aus dem großen Vorrat an öffentlichen Problemen eines herausgreifen, das gleichermaßen von politischer wie religiöser Brisanz ist.

Ich brauche es nicht weit herzuholen. Jeden Morgen haben wir es in der Zeitung vor uns. Das Thema Verwüstung unserer Welt. Das Thema Vergiftung und Ausbeutung unserer Erde. Das Thema also, ob unsere Enkel noch eine Welt antreffen werden, in der sie Lust haben zu leben.

Im Grunde weiß jeder, daß es so nicht weitergeht. Und es geht doch weiter. Jeder weiß, daß unsere Erde endlich ist, daß dem Wachstum der Industrie, dem Verbrauch, der Anhäufung von Abfall Grenzen gesetzt sind.

Aber alles redet unbekümmert weiter vom unendlichen Wachstum. Jeder wartet darauf, daß irgendetwas sich ändert, ehe es zu spät ist. Aber es ändert sich nicht viel.

Die Sache hat auch eine scharfe religiöse Spitze, und darum rede ich davon. Die Christenheit kommt in jeder Generation mindestens einmal an einen Punkt, an dem sie nicht mehr hinnehmen darf, was geschieht. 1934 zum Beispiel, am Anfang der Hitlerherrschaft, erhoben wenigstens einige Leute der Kirche im Bekenntnis von Barmen ihre Stimme gegen den autoritären Staat.

Heute geht es um etwas anderes. Wir haben ja ein Glaubensbekenntnis, in dem es heißt: Ich glaube an Gott, den Schöpfer der Welt. Da heißt auf deutsch: Ich glaube, daß diese Welt nicht uns Menschen gehört, sondern allen Geschöpfen Gottes gemeinsam. Wir haben sie nicht gemacht. Wir sind an unserem Teil verantwortlich für die Art, wie wir mit ihr umgehen.

Frage: Gilt uns dieser Glaubensartikel noch etwas? Gilt er uns nichts? Wenn er uns nichts mehr gilt, sollten wir ihn vergessen. Wenn er uns etwas gilt, müssen wir reden.

Wir stehen an einem Punkt, an dem die Kirche erklären muß, wie sie über unseren Umgang mit unserer Welt denkt. Ich fürchte, wenn sie das klar genug tut, wird es vielen Leuten nicht gefallen. Und das muß sie in Kauf nehmen.

Ich kann natürlich nicht für die Kirche reden. Ich bin nicht die Kirche. Aber die Kirche, das sind ja auch nicht die Bischöfe allein. Die Kirche sind Sie, soweit Sie Christen sein möchten. Und ich sage für meine Person: Ich bin dieser Meinung und lasse mich bei ihr behaften, daß es Zeit ist, zu klären, wieviel uns der erste Glaubensartikel, der von der Schöpfung, wert ist.

Was meint dieser Glaube? Einmal: Wir Menschen sind nach der Bibel Geschöpfe Gottes wie alle anderen Lebewesen auch. Zum zweiten: Wir sind anders als die übrigen Geschöpfe insofern, als Gott uns in seinen Garten gesetzt hat, damit wir ihn bauen und bewahren. Wir sind die, die sorgsam und nachdenklich mit den übrigen Geschöpfen umgehen sollen und können.

Wir sind also nach unserer Bestimmung nicht die Schießer, die umlegen, was ihnen vor die Flinte kommt, nicht die Ausbeuter, die an sich raffen, was sie bekommen können, nicht die kleinen Ausrotter, die nichts neben sich dulden können. Wir sind etwas ganz anderes: Wir sind die verantwortlichen Vertreter Gottes in dieser Welt.

Und wenn wir diese Würde ernst nähmen, diese Größe, die uns zugedacht ist, dann könnten wir mit anderen Lebewesen – und übrigens auch mit den Menschen – anders umgehen, als wir es tun.

Ist es denn so undenkbar, daß wir eines Tages Respekt aufbrächten einem fremden Lebensrecht gegenüber? Und sei es zum Beispiel nur dem Lebensrecht eines Schmetterlings gegenüber? Sagen: du bist ein wunderbares Geschöpf Gottes. Wir sind für dich verantwortlich. Was können wir tun, daß du nicht an unserem Gift zugrunde gehst? Ist es so undenkbar, daß wir einmal eine Hand voll Erde hernehmen und uns fragen. Was müssen wir tun, damit auf diesem Boden auch für unsere Enkel noch etwas wächst? Ist es denn so undenkbar, daß wir einmal ein Tier um Verzeihung bitten für alle Gewalttat und Gemeinheit, die wir Menschen rund um die Erde seinesgleichen antun?

Wir könnten dann auch praktisch zu anderen Lösungen kommen. Wenn es gelänge, umzudenken, können wir vielleicht doch Wege finden zwischen unseren Interessen und dem Lebensrecht anderer. Wir könnten unserer Phantasie etwas zutrauen und viele, sehr viele kleine Versuche unternehmen, ob es nicht vielleicht doch auch anders geht, als wir es gewöhnt sind.

Und damit könnten wir auch etwas tun, um uns Menschen selber zu helfen. Für mich als Pfarrer ist dieses Thema auch deshalb aktuell, weil sich die Verwüstung unserer Welt ja auch in der seelischen Landschaft unserer Zeitgenossen spiegelt. In der heimlichen Verzweiflung, in der irrationalen Angst, in der tödlichen Resignation von Millionen. Die zerstörte Landschaft ist ja auch in den Menschen selbst. Auch den eigenen Lebenskräften gegenüber spielt man die Rolle des Konsumenten und des naiven Ausbeuters, statt mit ihnen sorgsam umzugehen.

Und dann wundert man sich, daß man nicht glücklich wird, obwohl man alles hat. Man wundert sich, daß man keinen Sinn sieht, daß das Leben sich anfühlt wie eine kleine Sinnlosigkeit inmitten der großen Sinnlosigkeit der Welt.

Unsere Welt ist immer auch innen in uns, und wenn sie verödet, veröden wir mit. Ein sorgsamerer Umgang mit ihr andererseits könnte heilend wirken auch auf uns selbst. Wir würden wacher. Wir könnten unsere Freiheit in Anspruch nehmen. Nachdenken, prüfen. Konsequenzen ziehen.

Damit wir uns klar verstehen: Ich fordere nicht das schlechte Gewissen, sondern eine Umkehr. Manche Leute halten es ja für besonders christlich, ein schlechtes Gewissen zu pflegen. Aber was ist ein schlechtes Gewissen? Es besteht doch in einem ständigen Streit zwischen Anklage und Entschuldigung in uns selbst. Immer hin und her, ohne daß am Ende etwas herauskommt. Vom schlechten Gewissen allein aus geht überhaupt nichts weiter.

Und es berührt mich eben wie ein kollektives schlechtes Gewissen, wenn ich heute dem Streit der Experten zuhöre. Dem unablässigen Hin und Her der Warnungen und der Beschwichtigungen.

Die einen zeigen uns, wie kurz es noch sei, bis die Welt zugrunde geht. Die anderen wiederholen, so oft wir es hören wollen: Es ist alles nicht so schlimm. Die einen zeigen die Sackgassen. Die anderen sagen: Es gibt keinen anderen Weg.

Ich sehe das mit Sorge. Denn das Vertrauen im Land schwindet beängstigend. Das Vertrauen in die Verantwortlichen. Das Vertrauen in die Wissenschaft und die Glaubwürdigkeit von Prognosen. Man hat das Gefühl, daß die Eingeweihten mehr wissen als sie sagen, und die öffentliche Diskussion überwiegend aus Beschwichtigungen besteht.

Und wenn wieder ein Experte sich hinstellt und kundtut, es gehe ja gar nicht anders, dann hat schon niemand mehr Lust, irgend etwas zu tun.

Wenn es denn nicht anders geht, wenn das Unheil vorgezeichnet ist, dann laßt uns das tun, was schon die Bibel beschreibt: Laßt uns essen und trinken, denn morgen sind wir tot.

Laßt uns essen und trinken und verbrauchen und wegwerfen und zerstören und ausbeuten. Nach uns die Sintflut. Laßt uns weiterlaufen, immer in die gleiche Richtung. Morgen schnappt die Falle ja doch zu.

Höchstens fragt sich der eine oder andere ein wenig beklommen, ob er das, was heute geschieht, vor seinen Kindern verantworten kann. Ob da nicht doch endlich so etwas wie eine Umkehr nötig sei.

Es gibt in der Bibel eine Stelle, die wir dringend entdecken sollten. Sie findet sich im 8. Kapitel des Römerbriefes und lautet so: Die ganze Schöpfung wartet darauf, daß sich die Menschen endlich als Söhne und Töchter Gottes, das heißt als seine Mitarbeiter, erweisen. Denn alle Geschöpfe seufzen bis zu dieser Stunde und leiden Schmerzen und sehnen sich nach Befreiung. Und auch wir selbst sehnen uns danach, endlich zu werden, wozu wir bestimmt sind: bevollmächtigte Vertreter Gottes in unserer Welt. Die Natur, sagt Paulus, sehnt sich danach, daß der Mensch sich endlich als der erweist, als der er gemeint ist. Als einer, der ein Ohr hat für das Seufzen der Kreatur.

Ein Ohr zu haben für die Klage der Schöpfung, das ist in der Bibel ein Merkmal von Menschen, denen der Geist Gottes verliehen ist. Ein Ohr für die Angst und die stumme Klage in einem vergifteten Insekt oder in einer im Öl ertrinkenden Möwe. Die Natur lebt von unserer Freundlichkeit.

Die Welt ist die Welt Gottes und nicht das Verbrauchsmaterial des Menschen. Sie ist als ein Garten geschaffen und nicht zur Müllhalde bestimmt. Sie ist eine Heimat unendlich vieler Lebewesen und nicht nur die Rennbahn des Menschen. Sie ist uns anvertraut. Und wir sind, wenn wir uns recht verstehen, ihre Heger und Pfleger. Wir sind mehr, als wir uns zutrauen.

Wenn wir das glauben, werden wir nicht resignieren. Martin Buber sagt einmal: „Das einzige, das uns wirklich zum Verhängnis werden kann, ist der Glaube an das Verhängnis, denn er verhindert die Umkehr." Ich frage mich manchmal, ob unter denen, die bei uns politische oder wirtschaftliche Verantwortung tragen, nicht viel zu viele längst resigniert haben.

Umkehr – das meinen wir mit Buße – hat Sinn, wenn es noch eine Chance gibt. Aber wer umkehrt, mit der Absicht, etwas zu tun, der geht wacher durch die politische Landschaft. Der geht aufmerksamer durch sein Leben, dankbarer, sensibler. Zum Staunen fähiger. Zum Verzicht bereiter.

Vielleicht ist es noch nicht zu spät.

„Und hätte keine Liebe…"

Wozu brauchen wir das Christentum?

Ja, wozu? Was ist denn so unentbehrlich am Christentum, daß wir sagen können: Wir brauchen es? Ist es das Dogma? Ist es die Moral? Sind es die angeblichen „Werte", nach denen man Staaten ordnet? Ist es die Schönheit seiner Gottesdienste? Ist es die soziale Arbeit? Oder was sonst?

Jesus sagt: Liebe deine Mitmenschen. Liebe sie alle. Du bist ein von Gott geliebter Mensch. Gib diese Liebe Gottes weiter, bedingungslos, grenzenlos. Du wirst am echtesten dort lieben, wo man dir keine Liebe erwidert. Darum liebe weit hinaus in die Welt. Nimm das Leiden auf dich, das einer Liebe ohne Bedingungen immer begegnen wird. An deiner Hingabe wird man dich messen. Paulus sagt es konkreter. Er nennt alles Großartige, das an einem Menschen bewundert werden kann und sagt: Und wenn es nicht aus der Liebe kommt, ist es nichts wert. Er schreibt:

Spräche ich in allen Sprachen der Menschen,
sänge ich mit den Stimmen der Engel
und liebte nicht –
ich wäre nichts als eine tönende Glocke
oder eine klingende Schelle.

Wüßte ich Gottes Gedanken,
schaute ich alle Geheimnisse,
hätte ich alle Einsicht,
versetzte ich Berge in der Kraft meines Glaubens
und liebte nicht – so wäre ich nichts.
Gäbe ich alle meine Habe den Armen,
gäbe ich für Christus mein Leben hin
und liebte nicht – es wäre vertan.
(1. Korintherbrief 13)

Wir könnten daran weiterschreiben. Denn daß wir in den Sprachen der Engel reden, daß wir alle Geheimnisse wüßten, daß wir Berge versetzten oder für Christus unser Leben hingäben, das ist ohnedies nicht zu erwarten. Wir könnten aber aus unseren möglicherweise ehrlichen und praktischen Versuchen, etwas Gutes zu wirken, eine lange Reihe Verse dieser Art anhängen. Zum Beispiel:

Wenn ich mit Menschen- und Engelszungen redete, wenn ich, ein Pfarrer, jeden Sonntag auf die Kanzel stiege und eine glanzvolle Predigt hinlegte und die Kirche voll wäre bis auf den letzten Platz und mich bewegte nicht die Liebe zu diesen Leuten, wäre es besser, ich hielte meinen Mund.

Und wenn ich, eine Lehrerin, täglich fünf Stunden vor meiner Schulklasse stände und meine Kräfte verzehrte in meiner täglichen Mühsal mit Unterrichten und Korrigieren, und mich bewegte nicht die Liebe zu diesen Kindern, die mir das Leben sauer machen, dann wäre es besser, ich ließe sie in Frieden.

Und wenn ich, die Schwester, durch meine Tracht zur Sanftmut und zur Liebe verpflichtet, zwanzig Betten perfekt versorgte, und es fehlte nirgends die geringste Kleinigkeit, es wäre alles sauber, blank, steril und chemisch rein, und ich täte es an den Menschen vorbei, die in mir eine Schwester sehen möchten, ich täte es ohne Liebe auch zu den Schwierigen und Anspruchsvollen, ich hätte meine Berufung verfehlt.

Und wenn ich, ein Verwaltungsangestellter, täglich hinter meinem Schalter säße und Formulare ausfüllte, genau und zuverlässig, und mich in meinem Beruf hingäbe für das Gemeinwohl, in lebenslanger Pflichterfüllung, bis hin zum Bundesverdienstkreuz, und ich hätte keine Freundlichkeit für die Leute, die vor mir Schlange stehen, ich wäre nichts als ein Stück Apparat.

Und wenn ich, die Hausfrau, mein Leben hinbrächte – bitte, das einzige, das ich auf dieser Welt habe! – mit Kochen, Waschen, Bügeln, Aufräumen, und alle meine Interessen zurückstellte, meine Freiheit opferte und meine Bildung vernachlässigte, nur weil der Haushalt laufen muß, und mich bewegte nicht die Liebe zu den paar Menschen, für die ich es tue, mein Leben wäre vertan.

Wenn ich, ein politischer Mensch, gegen alle Ungerechtigkeit der Welt demonstrierte, und mich bewegte nur der Haß gegen die Unterdrücker, nicht aber das Erbarmen mit den Unterdrückten, ich brächte in diese Welt keine Spur von Gerechtigkeit.

Wenn ich die gewalttätige Gesellschaft anprangerte, unter deren Druck ich lebe, und nach einer Welt riefe, in der man einander Freiheit läßt, und mich bewegte nichts als die Verachtung für diejenigen, die das Bestehende geschaffen haben, ich brächte in diese Welt kein Gramm Freiheit.

Wenn ich den Sozialismus predigte, verbunden mit dem Evangelium von Jesus Christus, und ich täte es nur aus Rechthaberei und um den Spießbürgern eins auszuwischen, es wäre alles eine einzige Lüge.

Wenn ich, ein Journalist, aus den Leidenszonen dieser Erde berichtete, und ich täte es, weil es dabei interessante Bilder oder rasante Filme abzuliefern gibt mit spannenden Schießereien, und nicht, weil mir das Elend zu Herzen ginge, ich hätte meinen Platz verfehlt.

Und wenn ich von Zärtlichkeit spräche und von Phantasie im Spiel der Liebe, und ich dächte vor allem an die Liebe, die ich vom anderen empfangen möchte, und nicht so sehr an den anderen, den ich liebe, wäre ich nichts als ein kleinkarierter Egoist.

Und wenn ich von Liebe spräche in den höchsten Tönen und ließe den Geliebten im Stich, weil er krank oder schwierig wurde, ich wäre nichts als ein armseliger Scharlatan.

Aber wie steht es denn mit mir selbst, der dies schreibt? Wenn ich noch so schöne Verse schriebe über Liebe und Lieblosigkeit und ich täte es, weil ich mir dabei geistreich vorkomme, dann würde ich jedermann empfehlen, sie gleich in den Papierkorb zu werfen. Es würde niemand etwas verloren gehen. Ist es irgendeine Liebe zu irgendwelchen Menschen, daß ich mich hinsetze und schreibe? Ich meine es schon, irgendwie. Aber was weiß ich, warum ich es tue?

Ich will klar sagen: Das Christentum ist unentbehrlich, weil Christus, der Liebende, über diese Erde gegangen ist. Weil er den Abgrund der Feindschaft, in den die wirkliche Liebe den Fuß setzt, durchgelitten hat bis zum bitteren Ende. Und weil er uns verheißen hat, wir fänden aus der Kraft des Geistes Gottes die neue, andere Menschengestalt, nämlich die Gestalt des Liebenden. Wir seien also auf eine Zielgestalt hin angelegt, in der wir ihn spiegeln, eine Zielgestalt, durch die seine Liebe aufs neue, durch die Jahrtausende hin immer wieder zu den Menschen kommt, ein neuer Mensch, dessen Motiv bei dem, was er sagt oder tut, die Liebe des Christus ist. Alles andere, und wäre es noch so fromm, ist entbehrlich. Abfall, Papierkorb, Ende.

über Grenzen hinausdenken

Über Sterben, Tod und was danach kommt

Morgenworte im November

Ich wünsche Ihnen einen guten, gesegneten Wochenanfang. Daß Ihnen gelingt, was Sie sich vornehmen, und daß Sie bewältigen, was Ihnen aufgetragen oder zugemutet ist.

In der nebligen Zeit will ich mit Ihnen über etwas nachdenken, worüber die Menschen ganz allgemein gerne ein wenig Nebel breiten, über das nachzudenken jedoch hin und wieder nützlich sein kann, wenn es jedenfalls gut ist, sich über den Tod und das Sterben hin und wieder ein paar klare Gedanken zu machen. Das werden behutsame Gedanken sein. Denn noch keiner hat hinübergeschaut in die andere Welt, und noch keiner ist zurückgekommen. Und auch wir Christen sollten nicht so tun, als wüßten wir Bescheid über das, was uns erwartet, so als lägen die fernsten Geheimnisse zwischen Himmel und Erde nummeriert in unseren Aktendeckeln.

Ich werde Ihnen auch nichts darüber sagen als das, was sich mir in der Erfahrung eines langen Lebens bestätigt hat, und ich werde es nur behutsam andeuten. Man kann aber heute wieder klarer sagen, was man denkt, als in der längst vergangenen Zeit, in der man meinte, was wahr sei, wisse allein die Wissenschaft. Denn die Zeit ist vorbei.

Nein, es gibt in unserer Welt unendlich viel, das sich uns entzieht. Und wir können heute wieder verstehen: Wir kommen irgendwoher. Wir gehen irgendwohin. Wir kommen zur Welt, wir leben, wir sterben, und auf irgendeine Weise werden wir wieder erwachen.

Wir werden also in eine andere Art von Leben hinübergehen, die wir uns noch kaum vorstellen können, und möchten wissen, wie das aussehen wird.

Wir können zunächst nur sagen, daß das, was wir den Tod nennen, die Rückseite ist einer ganz anderen Art von Leben. Wir werden also, davon möchte ich ausgehen, im Sterben die Augen neu aufschlagen und uns überraschen lassen. Was wir dann erleben, davon möchte ich in dieser Woche in diesen Gedanken für den Tag ein wenig reden. Und ich schlage vor, wir verstecken uns nicht vor solchen Gedanken, wir lassen sie zu und schauen ein wenig von diesem Leben aus durch die Grenze hindurch in die andere Welt.

Nahtod-Erfahrung

Über das Sterben wollen wir uns ein wenig unterhalten. Und dazu haben wir heute Möglichkeiten, die es früher nicht gab. Wir können heute mehr darüber wissen, denn die ärztliche Kunst kann heute viel mehr Menschen als früher reanimieren, das heißt, aus dem Fast-schon-Tod zurückholen. Und diese Menschen berichten von Erlebnissen, die einander merkwürdig ähnlich sind.

Es ist auch in meiner eigenen Familie vorgekommen, was Unzählige berichten: Daß sie nach einem Unfall sich plötzlich außerhalb ihres Körpers wiederfanden. Daß sie über ihrem eigenen Körper schwebten und von dort aus sahen, was die Ärzte oder andere Menschen mit ihnen taten. Sie konnten es danach schildern, obwohl sie bereits als klinisch tot gegolten hatten.

Dann berichten sie von einem engen Kanal oder einem Tunnel, durch den sie getrieben wurden, und das sei sehr beängstigend gewesen. Am Ende hätte sie ein wunderbares Licht empfangen. Leuchtende Gestalten seien ihnen begegnet, und sie hätten sich von einer großen Liebe umfangen gefühlt.

Dann seien sie an eine Grenze gelangt und irgendwer habe ihnen gesagt, ihre Zeit sei noch nicht da. Danach seien sie in irgendeinem Bett wieder erwacht.

Man nennt das heute eine Nahtod-Erfahrung. Denn der Tod war bei ihnen noch nicht eingetreten, natürlich nicht. Aber sie hatten sich schon von ihrem Körper gelöst. Und wir können an ihren Erfahrungen ein Bild gewinnen, wie es bei unserem eigenen Sterben zugehen wird.

Was die zurückgekehrten Menschen erzählen, erinnert an den Vorgang einer Geburt, der für ein Kind ähnlich bedrängend sein mag und der am Ende in die Arme seiner Mutter führt.

Was sie alle, und es sind Tausende, bei denen diese Erfahrung mittlerweile von Ärzten dokumentiert ist, was sie alle berichten, ist, daß der Tod überhaupt nichts von Angst oder Schrecken an sich habe, sondern eine große Befreiung sei. Und was ihnen gemeinsam ist, das ist, daß sie mit viel mehr Freude in ihrem übrigen Leben stehen und sich auf den Tod freuen.

Abschied nehmen

Ich habe gesagt, es gebe Erfahrungen, die zeigen, daß das Sterben keineswegs etwas Schlimmes sei, sondern etwas von Schönheit und Erlösung an sich habe.

Aber auch, wenn wir so weit nicht gehen, dann können wir doch einem Sterbenden, an dessen Bett wir sitzen, noch viel Liebe mitgeben. Wir können füreinander mehr tun, als man bei uns gewöhnlich meint. Wir können einem anderen zum Beispiel ein Paßwort mitgeben, ein Wort, das ihm hilft, Abschied zu nehmen. Einen Reisesegen gleichsam. Ein Vertrauen, das er mitnimmt. Einen Dank, mit dem er abschließen kann, was gewesen ist und was schwer war.

Das alles ist sicher für viele sehr neu. Sie sehen ihr Leben lang den Tod an als etwas wie eine Sackgasse, aus der nichts weiterführt. Und so verschweigen wir ihn einander. Die Angehörigen meinen, der Sterbende wisse nichts von seinem Ende, und die Sterbenden wollen ihren Angehörigen den Gedanken ersparen, daß sie sterben. Und so verheimlichen beide einander gegenseitig, was sie doch beide wissen. So quälen sich viele in großer Einsamkeit, und das lösende Gespräch kommt nicht zustande. Die Veränderungen, die in ihnen und zwischen den Beteiligten nötig wären, können nur langsam und unvollständig geschehen, und das Wort des Abschieds wird nicht gesagt.

Etwas Persönliches möchte ich sagen: Wenn es eines Tages um meinen eigenen Tod geht, dann möchte ich, daß mich mein Arzt nicht durch irgendwelche Medikamente um mein klares Bewußtsein bringt.

Ich möchte noch dabeisein, wenn ich sterbe. Ich möchte noch ein Wort sagen können zu den Menschen, die mit mir verbunden waren. Ich würde es schön finden, könnte ich jedem meiner Kinder und Enkel noch etwas sagen über seinen weiteren Weg, ich könnte meiner Frau danken für die mehr als fünfzig schönen und reichen Jahre und ihr sagen, daß unsere Verbundenheit mit dem Tod nicht endet.

Und vor allem: ich möchte es hören, wenn jemand über mir einen Reisesegen spricht, etwa den: „Gott behüte dich. Er behüte deine Seele. Er behüte deinen Ausgang und Eingang von nun an bis in Ewigkeit."

Das Zeitliche segnen

Früher, als die Kranken und Alten noch zu Hause starben, mitten unter den Ihren, gab es eine Sitte, die uns fast ganz verloren gegangen ist, eine wunderbar menschliche. Da versammelte sich die Familie, und der Sterbende segnete die Zurückbleibenden. Davon kommt das Wort, es habe einer „das Zeitliche gesegnet".

Das will heißen: Wie eine Quelle, die aus der Erde dringt, die Felder und Wiesen segnet und fruchtbar macht, oder der Regen, der vom Himmel kommt, so daß etwas wachsen kann und gedeihen, so gibt der Sterbende seine letzte Kraft weiter und wünscht seinen Kindern und Enkeln, daß sie wachsen und gedeihen mögen, daß sie in Frieden leben und Frieden schaffen können und Gerechtigkeit und Güte unter ihnen wächst. Er gönnt ihnen ihr ferneres Glück, verzeiht ihnen, was er erlitten hat, und sie verzeihen einander aus der großen Freiheit dieses Abschieds heraus.

Wenn jemand also „das Zeitliche segnet“, dann bleibt kein Vorwurf zurück gegen das Schicksal oder gegen das Leben. Die vergehenden Kräfte wenden sich dem Leben zu, das er eben verläßt und das er liebt. Eltern, die ihren Kindern auf dem Sterbebett ein gutes, versöhnendes Wort sagen, können auf diese Weise viel wiedergutmachen, das sie an ihnen versäumt haben.

Segen hinterläßt derjenige, der schwierige Dinge so regelt, daß sie im Frieden gelöst werden können. Der seinen Kindern und Enkeln und allen, die er liebt, bestätigt, daß er sie bejaht. Und selten kann ein Mensch, der Frieden stiften will zwischen zerstrittenen Menschen, dies so wirksam tun wie auf seinem Sterbebett. Ihm kann Autorität zuwachsen, die er so nie hatte. Er kann helfen, daß für die Zurückbleibenden der Tod seine Schrecken verliert. Er kann – und das liegt in dem Wort Segen – von der Freiheit eines klar sehenden Menschen reden und von Kräften, die nicht aus ihm selbst sind.

Auf ein Licht zugehen

Vom Tod und vom Sterben haben wir geredet. Das ist etwas ganz Normales. Denn wir sind nun einmal Wesen zwischen zwei Welten. Wir gehören nicht ganz in diese Welt und doch auch nicht in die andere. Zwischen beiden aber kommt es darauf an, was wir glauben, wem wir vertrauen.

Der christliche Glaube bekennt: Christus lebt. Und wir, Sie und ich, wir werden leben. Und so verkehrt sich uns das Verhältnis zwischen dem Tod und dem Leben: Nicht das Leben währt, bis es der Tod beendet, sondern wir sind in der Hand des Todes, bis wir frei werden und ins Leben treten, hinüber in ein von Gottes Geist erfülltes Dasein ohne Raum und Zeit.

Es gibt im Leben ein Gesetz, daß, wenn sich eine Tür schließt, eine andere sich auftut. Wenn nun die Türen, durch die wir hier gegangen sind, sich schließen, eine nach der anderen, dann lösen sich die Wände, in denen sich die Türen gedreht haben, vor unseren Augen auf. Die Welt wird größer, als sie jemals für uns gewesen ist, das Licht einer anderen Wirklichkeit liegt über ihr, und unser Weg fängt noch einmal an.

Ich bin glücklich, daß mir immer wieder Zeichen gegeben worden sind, an denen ich merken konnte, daß es so ist. Daß ich am Ende meiner Zeit auf dieser Erde hinübersehen werde über die Grenze. Daß ich sehen werde, wie eine große, andere Wirklichkeit auf mich zukommt. Denn das Alter oder die Krankheit sind ja nicht das Ende, sie geben uns die Ahnung von der wunderbaren Musik der Freiheit, die wir hören werden, wenn wir den Schritt hinübergetan haben.

Ich stelle mir vor, daß ich nicht in Gott versinken oder mich in Gott auflösen werde wie ein Tropfen im Meer, sondern daß ich ein Wesen eigener Gestalt sein werde, daß ich meinen mir zugedachten Weg gehen und den mir zugedachten Auftrag erfüllen werde.

Wie das alles zugehen wird, weiß ich nicht. Aber ich werde wissen, was ich jetzt glaube: Daß zwischen mir und dem Leben nichts mehr sein wird und daß ich auf ein großes Licht zugehe, das Licht, das wir Christus nennen.

Vom Sinn des Trauerns

Der Monat November beginnt für unsere katholischen Mitchristen mit dem Fest Allerheiligen und dem Gedenktag Allerseelen. Zur Monatsmitte gedenken wir der Toten aus Krieg und Verfolgung. Und Ende November begehen die Evangelischen den Ewigkeitssonntag. Herbstliche Tage des Gedenkens an vergangene Zeiten und an Menschen, die nicht mehr unter uns sind. Warum tun wir das?

Dieser Tage hörte ich, wie eine Frau, die eben ihren Mann verloren hatte, von ihren Freunden aufgemuntert wurde: Du mußt Abstand gewinnen. Du mußt darüber wegkommen. Du mußt dich ablenken. Das war gut gemeint, und es war doch so schrecklich daneben. Denn das wollte sie gar nicht. Sie wollte an der dunklen Grenze bleiben, vor der sie stand, und wußte: Wenn ich nun weiterleben soll, dann finde ich hier und nirgends sonst die Kräfte dazu. Sie wollte ungestört sein, vielleicht auf lange Zeit. Und ihre Freunde können ihr am meisten helfen, wenn sie dabeibleiben, obwohl sie keinen Trost wissen.

Niemand kann einen Menschen, der sein Liebstes verloren hat, aus seinem Leid erlösen. Der Schmerz läßt ja nicht nach, so schnell nicht jedenfalls. Er bleibt wie ein unsichtbarer Gast und verabschiedet sich wohl erst am letzten Tag. Und am Ende war er es, der ein Leben wesentlich gemacht und ihm Gewicht gegeben hat und Tiefgang.

Das ist für uns heutige Menschen, die vom Sinn des Trauerns so wenig wissen, schwer begreiflich. Wir meinen immer, wir könnten nur glücklich werden, wenn wir alles Dunkle erst einmal ausgeblendet hätten, und merken nicht, was uns dabei verloren geht.

Ich habe immer wieder gesehen, was aus einem Menschen werden kann, der aus seiner Trauer nicht wegläuft. Wieviel Güte zum Beispiel von ihm ausgehen kann, die er auf andere Weise wohl kaum je gewonnen hätte. Und immer wieder sagt mir jemand, der durch eine jahrelange Hölle der Schmerzen gegangen war, er fühle sich nun stärker, gelassener, lebensfähiger als in den glücklichen Jahren zuvor.

Jesus sagte am Tag vor seinem Tod zu seinen Freunden: Ich sende euch den Geist aus Gott. Seine lebendige, leuchtende Kraft. Und wer die einmal gespürt hat, der weiß: Der Tod ist nichts weiter als ein Schritt durch eine Tür in einen anderen Raum und eine Begegnung mit einer unerhört neuen Art von Leben. Der Weg geht weiter.

Für mich ist die Welt, in die wir durch den Tod eintreten, so real wie sonst irgendetwas. Christus lebt. Die wir für tot halten, leben. Und unser Weg, der Ihre und der meine, wird auch weitergehen. Da verkehrt sich dann das Verhältnis von Tod und Leben. Nicht das Leben währt, bis der Tod es beendet. Sondern wir sind unter der Knute des Todes, bis wir frei werden und ins Leben treten.

So verbinden sich in diesen herbstlichen Tagen die Trauernden mit denen, die Abschied genommen haben, und vertrauen sie und sich selbst den Händen Gottes und seiner Güte an.

Und da möchte ich Sie gerne einbeziehen. Ob Sie nun zu den Trauernden gehören oder nicht: Seien Sie den Händen Gottes und seiner Güte anbefohlen!

Den Tod vor Augen

Zum Volkstrauertag

Der Herbst und die Herbststimmung mit dem fallenden Laub und dem abnehmenden Licht kommen alle Jahre und mit ihnen die Sonntage, an denen wir der Toten gedenken.

Nun ist der Tod neuerdings, wie Sie wissen, ein Thema für Illustrierte und für Bestseller auf dem Büchermarkt. Die berichten von Erfahrungen im Sterben. Da erzählen Leute, die klinisch tot gewesen waren und ins Leben zurückgeholt wurden, von wunderbaren Erlebnissen, von der Schönheit und dem Licht der anderen Welt, die sie schon gesehen hatten und die mit dieser Erde nicht zu vergleichen sei.

Es ist kein Anlaß, an diesen Berichten grundsätzlich zu zweifeln. Daß der Tod uns neue und große Erfahrungen bringen wird, ist jedem Christen klar. Aber ich frage mich, was wir mit solchen Erkenntnissen anfangen können. Ob sie uns helfen.

Das Natürliche ist, daß der Tod uns Angst macht, und ich verstehe gut, daß viele ihn, so gut es geht, verdrängen und verschweigen. Es fehlt eben die Kraft, ihm entgegenzusehen.

Umgekehrt verstehe ich sehr gut, daß es Menschen gibt, denen ihr Schicksal zu schwer ist und die sich nach dem Tod sehnen. Es fehlt die Kraft, es mit dem Leben noch einmal aufzunehmen. Und seit man uns erzählt, wie schön das Sterben ist, sehnen sich immer mehr Menschen nach dieser wunderbaren Erlösung, nach diesem leichten Ausweg. Eine Art Träumerei vom schönen, alles heilenden Tod greift um sich.

Aber wenn Sie mich fragen: Jesus hat uns nicht gesagt, wir sollen beten: Erlöse uns vom Leben! Sondern: Erlöse uns vom Bösen! Nicht: Laß mich möglichst schnell in den Himmel kommen! Sondern genau umgekehrt: Dein Reich komme zu uns!

Die wichtigere Frage ist also die, wie wir mithelfen können, daß das Reich Gottes mit seiner Gerechtigkeit auf dieser Erde Platz greifen kann. Denn wir sind auf diese Erde gestellt und haben hier noch etwas zu tun. Die Welt braucht unseren Mut und unsere Kraft, und die Menschen um uns her sind auf unser Stehvermögen angewiesen.

Ehe Sie in der Träumerei vom schönen Tod versinken, vertrauen Sie doch erst einmal wieder den gesunden Kräften, die Sie noch immer haben, und das heißt dem Auftrag, den Gott vor Ihre Füße gelegt hat.

Ob Sie ein freier Mensch sind, merken Sie daran, daß Sie auch an anderes denken können als nur an sich selbst. Und als Christ können Sie sich diese Freiheit leisten, denn Sie sind, da Ihnen das Reich Gottes wichtiger ist, jetzt und später in der Hand Gottes fest bewahrt. Sie brauchen weder Ihre Kraft zu verzehren mit der Angst vor dem Tod noch die Flügel hängen zu lassen aus Sehnsucht nach dem Verlöschen.

Wir denken am Volkstrauertag an die Opfer von Krieg und Verfolgung. Wir erinnern uns vergangener Schrecken. Wir denken aber vor allem – und das gibt unserer Trauer die Richtung und den Willen – hinaus zu Millionen Menschen, die heute irgendwo in der Welt verfolgt und getötet werden. Wir stellen uns den Tod vor Augen – aber bitte nicht nur unseren eigenen, sondern vor allem den, der andere bedroht –, damit aus Trauer und Angst Kräfte wach werden, die dieser tödlich bedrohten Menschheit zum Leben helfen. Ich wünsche Ihnen dazu Gelassenheit, Zuversicht und Phantasie.

Hinübersehen

In diesen späten Novembertagen gedenken wir alle Jahre der Toten, und wir sehen zugleich über die Grenze unseres Lebens hinaus auf den Weg, den wir danach weitergehen.

Nun fand ich dieser Tage ein Märchen. Ich weiß nicht, woher es stammt: „Ein Hirt saß bei seiner Herde am Ufer des großen Flußes, der am Rande der Welt fließt. Wenn er Zeit hatte und über den Fluß schaute, spielte er auf seiner Flöte. Eines Abends kam der Tod über den Fluß und sagte: Ich komme, um dich auf die andere Seite mitzunehmen. Hast du Angst? – Warum Angst? fragte der Hirt. Ich habe immer über den Fluß geschaut, seit ich hier bin. Ich weiß, wie es dort ist. Und als der Tod ihm die Hand auf die Schulter legte, stand er auf und fuhr mit ihm über den Fluß, als wäre nichts. Das andere Ufer war ihm nicht fremd, und die Töne seiner Flöte, die der Wind hinübergetragen hatte, waren noch da."

Ich habe immer hinübergesehen, sagt der Hirt. Vielleicht fragen Sie mich, wie man das macht, was das Märchen in seiner zarten Poesie „hinübersehen" nennt. Im Grunde ist es ein Stück einfacher Lebenskunst, immer wieder über die Grenzen hinauszudenken, die uns Menschen gesteckt sind. Wir sehen ja nie das Ganze. Wir wissen nie alles. Die Welt ist immer noch größer, als wir meinen, und hat mehr Geheimnisse, als unsere Schulweisheit sich träumen läßt. Und manches beginnen wir erst zu ahnen, wenn wir uns an das Ufer setzen, an dem unser Wissen endet.

Dabei wird uns auch deutlich, daß der Tod ein Übergang ist. Das Märchen sagt: ein Wasser, das wir überqueren. Und wenn wir uns dann der Geschichte erinnern, die erzählt, Christus sei vom Tode auferstanden, dann finden wir am Ende gar nichts Merkwürdiges mehr daran.

Es verändert sich auch vieles, was wir bisher für wichtig oder unwichtig gehalten haben. Manches, mit dem man in dieser Welt keine großen Erfolge erzielt hat, wird wichtig. Am Ende sind nur noch die Dinge des Herzens von Bedeutung. Einzig die Liebe bleibt, sagt die Bibel. Und das Märchen sagt: Was in uns zu klingen anfängt, das nimmt der Wind über den

Fluß. Das ist da, wenn wir ankommen, und macht uns die andere Welt vertraut.

Und wenn wir so hinübersehen, denken wir an die unzähligen Toten, zu denen auch Menschen gehören, die uns lieb waren, und legen sie Gott ans Herz. Auch das Gebet findet den Weg hinüber.

Noch eins wird wichtig: Wenn in unserer Nähe jemand ist, der den Tod vor sich hat, dann lassen wir ihn nicht allein. Wir setzen uns sozusagen neben ihn ans Ufer und zeigen ihm, was drüben ist. Bis Gott ihm die Hand auf die Schulter legt und sagt: Komm!

Wenn du durch Wasser gehst, sagt Gott, will ich bei dir sein, daß du nicht versinkst. Und: Wer mit mir geht, der geht nicht in die Finsternis, sondern ins Licht. Vielleicht klingen manchem solche Worte fremd, aber sie gelten uns allen.

Einen neuen Anfang trauen

In dir will etwas wachsen

Zum ersten Advent

Mit dem Advent beginnt die Zeit der Wunschzettel. Vor allem die Kinder schreiben ihre Wünsche auf, damit das Christkind sie erfüllen kann. Die Erwachsenen brauchen kein Christkind mehr. Sie erfüllen sich Ihre Wünsche meistens selbst.

Aber mir fällt auf, daß viele sich überhaupt nichts mehr wünschen, als daß man sie in Ruhe läßt. Sie sind einfach müde und am Ende ihrer Kraft, und wenn einer dann sagt: Jetzt kommt Weihnachten, dann erschrecken sie über die neue Zumutung. Das Wünschen haben sie fast schon verlernt.

Ich habe einmal ein Märchen gelesen von einem König. Der schickte seinen Sohn, weil er ein Taugenichts war, in die weite Welt. Vielleicht wird dort in der Fremde noch etwas aus ihm, dachte er. Nach ein paar Jahren ließ der König ihn suchen und fand ihn, wie er sich als Bettler durchs Land schleppte. Er ließ ihn fragen: Hast du einen Wunsch? Er antwortete: Eine warme Suppe. Die bekam er. Ein Jahr später ließ er ihn wieder fragen: Hast du einen Wunsch? Der Sohn antwortete: Einen warmen Mantel. Den bekam er auch. Da ließ ihn der Vater fragen: Warum hast du dir nicht gewünscht, König zu werden. Du wärest es geworden. Und am Ende blieb der Junge in seinem Elend, weil seine Wünsche so klein waren.

Wenn jetzt jemand käme und Sie fragte: Haben Sie einen Wunsch? Könnten Sie sich vorstellen, daß noch etwas vor Ihnen liegt, das Sie sich wünschen könnten? Könnten Sie glauben, daß Sie noch zu etwas bestimmt sind. Könnten Sie aufs Ganze gehen und sich nichts weniger wünschen als das volle Leben? Denn das macht den Advent aus, daß das Beste noch vor uns liegt.

Es könnte Ihnen in diesen Tagen doch einmal noch der begegnen, der gesagt hat: Ich will daß ihr das Leben habt und nicht weniger. Das feiern wir doch in der Weihnachtszeit, daß Gott uns hier mit einem menschlichen Gesicht begegnet, damit auch unser Gesicht heller dabei wird, menschlicher, lebendiger.

Dieser Jesus tritt Ihnen entgegen und sagt: Sieh mich an. Du bist doch jemand! Er sagt: Ich habe Kräfte für dich, nimm sie in Anspruch. Er sagt: Was in dir krank ist, kann heilen. Und vor allem: In dir will etwas wachsen, etwas wie ein Kind. Wie ein neuer Mensch. Dem soll das Leben gehören, das volle, weit über diese Jahre hinaus. Aber eins mußt du tun: Den besten Wunsch aussprechen, den es gibt. Sagen wie Maria: Mir geschehe, wie du sagst.

Wenn Sie selbst das nicht sagen können, wünsche ich es für Sie: Ihnen möge das Schöne widerfahren, das Gott mit Ihnen vorhat, daß in Ihnen das Kind Gottes entsteht, der Sohn, die Tochter Gottes.

Einen solchen Advent wünsche ich Ihnen.

Was fällt Ihnen zu „Weihnachten“ ein?

Es ist klar. Alles läuft auf Weihnachten zu. Das läßt sich nicht verhindern und nicht verheimlichen. Weihnachten kommt sozusagen automatisch. Wenn ich Sie nun fragen würde, was Ihnen einfällt, wenn Sie das Wort „Weihnachten“ hören – was würde Ihnen einfallen? Vielleicht das: Geschenke – Einkaufen – Lametta; oder: Tannenbaum – Kerzen – Weihnachtsmann; oder: Nüsse – Gebäck – Glühwein – Bücher; oder: Kinderaugen – Leise rieselt der Schnee – deutsches Gemüt; oder: Bethlehem – weiß nicht – Gott – weiß nicht.

Fest des Friedens

Was fällt Ihnen ein? Vielleicht, daß Sie von diesem ganzen Weihnachtsbetrieb verschont sein möchten. Wenn Weihnachten uns wieder einmal verstopfte Kaufhäuser, von Lautsprechern gebrüllte Weihnachtslieder und den ganzen Kitsch und Flitter beschert hat, dann will ich, so höre ich von vielen müden Menschen, endlich einmal meine Ruhe haben. Ich möchte Frieden haben, Frieden auch von aller Weihnachtshektik. Von aller Hetze, zu der mich andere zwingen und auch ich mich selbst.

Ich möchte, so höre ich von unzähligen überanstrengten Menschen, Frieden haben. Und wenn Weihnachten den Frieden, den es verspricht, nicht mehr hergibt, dann will ich meinen Frieden auch von allem, was mit Weihnachten zu tun hat.

Ich möchte, daß Weihnachten endlich das bewirkt, wozu es eigentlich da ist. Wenn da einer geboren wird, der Frieden bringt, dann möchte ich, daß das, was er bringt, bis zu mir kommt.

Ich brauche einen, auf den ich mich verlassen kann, einen, der mir hilft mich zu verstehen, einen, der mir hilft, selber in den Streit um mich her ein wenig Frieden zu bringen, einen, der mich an meinen Unvollkommenheiten nicht aufhängt, einen, der mir sagt, was das allen für einen Sinn hat. Auch Weihnachten.

Denn das sagen wir ja so hin: Weihnachten sei das Fest des Friedens. Das hat mir selbst als jungen Menschen einmal ein Kriegsgerichtsverfahren, fast eine Hinrichtung – stattdessen Gefängnis – eingebracht, daß ich von Weihnachten Frieden erwartet habe und es absurd fand, am Heiligen Abend an die Front zu fahren. Ich fuhr damals einfach nach Hause. Das ist lange her.

Aber ich wüßte auf der ganzen Welt auch heute noch niemanden, der glaubwürdig vom Frieden reden und unserem Herzen und Verstand tatsächlich Frieden verschaffen könnte außer dem, dessen Geburtstag wir an Weihnachten feiern.

Ich höre gelegentlich: Ich möchte, daß in der Welt endlich Frieden herrscht. Ich will mich an dem Kampf aller gegen alle und der Ungerechtigkeit aller gegen alle nicht gewöhnen. Aber so oft ich einen Versuch mache, stehe ich allein. Ich finde keinen Verbündeten. Ich ziehe immer den Kürzeren. Ich würde einen brauchen, der mir zeigt, wie ich allein etwas erreichen kann.

Den Verbündeten derer, die Frieden suchen, nehmen wir in Anspruch, indem wir seinen Tag feiern, seine Nacht, besser gesagt. Denn daß die Welt dunkel ist, daß es finster aussieht zwischen den Völkern und den Menschen, daran ändert auch das landläufige Weihnachten nichts.

Aber daß wir ein Licht sehen mitten in der Dunkelheit, dafür kann uns das Fest des Friedens die Augen öffnen. Die Weihnachtsgeschichte der Bibel spricht davon:

Ihn, unseren Helfer, sendet Gott
als ein Licht, das uns erscheint
in der Finsternis und im Schatten des Todes,
und so finden unsere Füße
den Weg des Friedens.
(Lukas 1,78-79)

Fest der Liebe

Was fällt Ihnen ein, wenn Sie das Wort „Weihnachten“ hören? Vielleicht sagen Sie: Mir fällt ein, daß ich allein bin, und nie ist mir das so bewußt wie an Weihnachten. Weihnachten soll doch eigentlich das Fest der Liebe sein. Da sollen doch die Familien unter dem brennenden Lichterbaum sitzen, und es soll Geschenke geben. Da soll doch einer dem anderen wichtig sein. Da soll doch einer mit dem anderen etwas zu tun haben wollen.

Mir fällt meine Familie ein, aber die ist längst auseinander. Die gab es noch, als ich ein Kind war. Aber heute. Heute fällt mir nur ein, daß ich allein bin.

Einer hat mir gesagt: Ich habe oft geliebt. Aber ich habe es jedesmal wieder verspielt. Meine Freunde und Freundinnen sind alle verschwunden. Immer wieder habe ich etwas angefangen, und immer habe ich es selbst kaputt gemacht. Da hilft kein Fest der Liebe.

Eine Frau höre ich: Ich habe eine Reihe von Enttäuschungen erlebt. Ich habe immer wieder darauf vertraut, daß mein Partner zu mir halten würde. Aber sie denken alle nur an sich. Ich habe Vertrauen investiert und habe immer verloren. Ich fürchte mich davor, wieder einem Mann zu begegnen, dem ich vertrauen könnte. Er wird mich ja nur mißbrauchen. Und am Ende bin ich wieder allein. Noch einmal mit Vertrauen anfangen? Geht das?

Ein Mann sagt: Der einzige Freund, der mir treu geblieben ist, ist mein Feind. Das ist der Alkohol. Er ist wenigstens stundenweise freundlich zu mir. Da vergesse ich wenigstens zeitweise, daß ich allein bin. Und Weihnachten? Da werden ein paar Flaschen die einzigen Gäste sein, dich ich bei mir habe. Und das ist besser als nichts.

Von einem Afrikaner hörte ich einmal in einem Gedicht:

Irgendwer ist besser als niemand.
In der Wüste ist sogar die Schlange,
deren Spirale Schrecken zeichnet
in den den Sand – besser als niemand.

Ich kann denen, die so empfinden, nicht versprechen, daß sie irgendwann einen Menschen finden werden. Ich kenne Sie ja nicht. Ich weiß nichts von Ihrer Zukunft. Ich weiß nur, daß wir alle, auch wenn wir einen Menschen um uns haben, im Grunde allein sind. Wenn es darauf ankommt, wenn es um den letzten Ernst geht, sind wir alle allein, mitten unter den Menschen. Mitten in den Familien. Es gibt nur ein Gegenüber, das verläßlich ist: Das geheimnisvolle, unbeweisbare und doch hautnahe Gegenüber des Gottes, von dem wir herkommen und auf den wir zugehen. Der uns das Leben gegeben hat, der ihm einen Sinn gibt, der es wieder zurücknehmen wird. Es gibt nur ein verläßliches Gegenüber, ein unsichtbares. Und dieses Gegenüber bekam ein Gesicht. das ist das Geheimnis von Weihnachten.

Dieses Gesicht sehen wir vor uns in dem Kind, das da zur Welt kam, und in dem erwachsenen Meister, dessen Wort wir hören. Ob Gott für uns ein Gesicht hat, das ist die entscheidende Frage, wenn Einsamkeit unter den Menschen uns das Herz zusammendrückt.

Wenn dieses Gesicht begonnen hat, Ihnen etwas zu bedeuten, wenn es angefangen hat, zu Ihnen zu sprechen, dann endet damit noch lange nicht Ihre Einsamkeit unter den Menschen, aber sie wird tragbar und vielleicht sogar sinnvoll.

Und dann werden Sie einmal der sein, der sich beugt, um sich diesem Gott in die Hand zu legen. Und einmal werden Sie umgekehrt der sein, der das Kind in die Hände nimmt, damit Gott in Ihnen selbst Gestalt annimmt.

Nur in dieser doppelten Zuwendung endet letzten Endes Ihre Einsamkeit. Ich wünsche Ihnen diese Erfahrung – und natürlich: Darüber hinaus wünsche ich Ihnen dringend einen Menschen, der zu Ihnen steht.

Fest des Kindes

Natürlich fallen Ihnen auch die Lichter in den Geschäftsstraßen ein, wenn Sie das Wort „Weihnachten“ hören. Vielleicht, daß Sie Geschenke kaufen und Briefe schreiben müssen oder daß das Geld nicht reicht. – Aber vielleicht fällt Ihnen doch auch ein, daß dieses Fest es auf irgendeine Weise mit einem Kind zu tun hat. Mit dem eigenen Kind, mit einem fremden, vielleicht auch mit dem merkwürdigen Kind von Bethlehem, das dort in einem Futtertrog lag und von dem die Christen behaupten, es bedeute etwas für sie.

Immerhin erinnert uns Weihnachten daran, daß das Kind, das kleine, pflege- und schutzbedürftige Menschenkind für unser Glück und unseren eigenen inneren Menschen etwas bedeutet. Oder auch, daß das Schicksal von Kindern auf dieser Welt uns nicht gleichgültig sein kann.

Kurtmartin Magiera schreibt:

Käme er heute und machte es wie damals – / sähe es so aus:
In den Slums von East Harlem – / Maria eine Neger-Mummie, / in den Gassen Palermos – / Josef heißt Salvatore. / Im Zelt der Besitzlosen jenseits des Jordan – / Gott, Bruder der Armen.
Elf Quadratmeter für Jesusmariaundjosef / im siebenstöckigen Hochhaus / von Wang Tai Sin – / siebentausend Nachbarn sind Hirten unterm / gleichen Dach. / Mietpartei irgendwo im Revier: / ach so, nur ein Zimmermann! / In einer Vorstadtbaracke, im Gleisdreieck, / in der Kolonie Rote Erde.
Längst vergessen: / Auch in Bethlehem gab's Wohnzimmer, / reichgedeckte Tische und Marmor.
Käme er heute und machte es wie damals – / wie sähe es aus?

Das Kind ist auch in Ihnen selbst. Und wenn Sie etwas Gutes tun wollen für sich selbst, dann helfen Sie ihm, daß es leben und träumen darf. Schieben Sie es nicht ab. Vergessen Sie mit ihm zusammen immer einmal wieder die ganze Welt.

Ich habe einmal den Traum eines solchen Kindes in einem erwachsenen Menschen gelesen. Er lautete so:

Ich will groß sein.
Ich will mir ein Haus bauen aus Luft.
Und einen Garten machen aus Löwenzahn.
Lieder sollen darin wachsen,
die ich jeden Tag esse.

Ich will reich sein wie ein Kuckuck,
dem der ganze Wald gehört.
Ich will viele Kinder haben,
die schicke ich in die Schule,

damit sie den Krieg verlernen
und wissen, wie man ein Gewehr aus Lachen macht
und eine Kugel aus Wind
und einen Vater, der nie fortgeht.

„Ein Kind ist uns geboren“, sagt die Weihnachtsgeschichte. Eines der armen Kinder dieser Welt, in New York oder Palermo oder Hongkong, die nur leben können, wenn wir sie nicht vergessen.

Und eines, das in Ihnen leben und wachsen will. Sie werden nie erwachsen sein, wenn nicht das Kind in Ihnen heranwächst. Die Bibel sagt: Jesus war ein Kind. Das soll nun in uns heranwachsen, bis es in uns eine erwachsene Gestalt gefunden hat.

Ich meine, auch Sie selbst werden glücklicher sein und Ihr Leben sinnvoller finden. Denn am Ziel Ihres Lebens sind Sie wieder das Kind; die Bibel sagt: das Kind Gottes.

In Ihnen muß es leben, das Kind aus Gott, damit Sie Ihr Leben nicht in der Hölle führen.

Fest eines neuen Anfangs

Wenn wir einmal alles weglassen, was weniger wichtig ist, den ganzen Kramladen, der rings um Weihnachten aufgebaut ist, – dann bleibt als der Kern des Weihnachtsfestes eines übrig: ein kleines Kind, ein Säugling, so rot und so hilflos wie alle eben geborenen Säuglinge rund um die Welt aussehen.

An einem Geburtstag – und Weihnachten ist ja nichts weiter als ein „Geburtstag“ – erinnern wir uns an unseren eigenen Anfang. Wir versetzen uns in unseren eigenen Anfang hinein, vielleicht um unseren eigenen Weg, den wir seitdem gegangen sind, besser zu verstehen, vielleicht um einen neuen Weg zu finden, vielleicht um einigen Irrtümern unseres Lebens auf die Spur zu kommen. Vielleicht auch, um in unseren späteren Jahren doch noch einmal einen Anfang zu riskieren.

Es könnte sein, daß wir heute zu Kindern ein so gebrochenes Verhältnis haben, weil wir über Anfang und Ende unseres eigenen Lebens und über seine Phasen und Abschnitte so wenig nachdenken. Wir könnten uns nämlich, wenn wir dies täten, in den Kindern rings um uns her leichter wiedererkennen. Daß heute ein so ungeheurer Abstand besteht zwischen Erwachsenen und Kindern, hängt damit zusammen, daß wir Erwachsenen nichts mehr von dem Kind wissen wollten, das wir selbst einmal gewesen sind.

Wir bauen eine Erwachsenenwelt zusammen, und da paßt natürlich ein Kind nicht mehr hinein. Weder das Kind in uns selbst. Noch das Kind, das in uns geboren werden könnte.

Da singen wir an Weihnachten: „Ein Kind ist uns geboren, ein Sohn ist uns geschenkt." Und wenn unsere jungen Nachbarn ein Kind bekommen, dann schauen wir in den Kalender und sagen: Aha! Die mußten.

Wir sagen: „Ein Kind ist uns geboren..." Und wenn unsere jungen Nachbarn ihr zweites Kind bekommen, dann sagen wir: Die sind schön blöd.

Wir singen: „Es ist ein Ros entsprungen aus einer Wurzel zart", und wenn unsere jungen Nachbarn ihr drittes Kind bekommen, dann sagen wir: Und das bei dem Einkommen!

Wir sagen: „Welt ging verloren, Christ ist geboren", und wenn unsere jungen Nachbarn ihr viertes Kind bekommen, dann greifen wir uns ans Hirn und sagen: Die sind nicht normal. Warum treiben sie nicht ab?

Ein Mensch, der das Kind, das er selbst einmal war, verdrängt, hat es sehr viel schwerer, aus Schwierigkeiten und Irrtümern heraus einen neuen Anfang zu finden. Eine kinderfeindliche Gesellschaft ist eine neurotische Gesellschaft.

Wenn wir aber das Kind in unserer Umgebung nur noch für eine Störung halten, wie sollen wir begreifen, was durch das Kind von Bethlehem in uns werden soll?

Denn das wäre das eigentliche Weihnachtsereignis: daß durch den Mann, dessen Geburtstag wir feiern, in dir selbst ein Neuanfang geschähe. Ein Neuanfang, der dem Entstehen eines Kindes gleicht.

Da entsteht dann der Mensch, der erst wirklich aus Gott ist. Der weiß, wohin er am Ende heimkehrt. Der Mensch, den auch die Fehler und Versäumnisse seines Lebens nicht zerstören können. Diesen Menschen sollen Sie in sich selbst empfangen; diesem sollen Sie in sich Raum geben; dieser soll in Ihnen wachsen, so sehr, daß er am Ende das ganze arme und karge Erwachsenen-Ich ablöst und ersetzt. Am Ende sind Sie wieder die Tochter oder der Sohn Gottes, als die, als den Gott Sie gedacht hat. Wenn Ihnen dies in der Advents- und Weihnachtszeit hin und wieder einfällt, dann sind Sie einen Schritt weiter gekommen.

Fest des Lichtes

Wenn ich Sie nun zum letztenmal frage, was Ihnen einfällt, wenn Sie das Wort „Weihnachten" hören, vielleicht sagen Sie dann: Ja, Lichter fallen mir ein. Millionen Glühbirnen, die in Girlanden über die Straße hängen und Energie verzehren. Millionen Kerzen, die irgendwer in irgendeiner Stube anzündet. Millionen Sterne aus Goldpapier, die glitzern, wenn das Licht der Glühbirnen auf sie trifft. Flitter- und Glitzerzeug.

Nichts als Lichter fallen mir ein. Und vor allem fällt mir ein, daß es trotzdem in mir selber finster ist wie in einem Kohlenkeller. Und in den anderen Leuten auch. Licht. Das wäre etwas. Aber wer bringt mir schon Licht?

Einen jungen Mann hörte ich, einen verträumten Typ: „Ich suche nach Erleuchtung. Aber die Welt ist so brutal. Ich habe nichts als Feinde um mich herum. Nichts als Höllenhunde. Ich suche die Erleuchtung, aber ich habe so viel Angst, daß ich nur überleben kann, wenn ich die Augen zumache. Woher soll die Erleuchtung kommen?

Lichter fallen mir ein, sagen Sie. Aber die Angst bleibt.

Ich könnte mir da einmal einen kleinen Spaß denken. Stellen Sie sich vor, irgendeine kleine verirrte Maus im Elektrizitätswerk verursacht am Heiligen Abend einen totalen Kurzschluß. Finsternis über Berlin, Hamburg, München, Stuttgart, Wien, Zürich… Die Krankenhäuser haben Notaggregate.

Aber sonst? Finsternis. Wie vor etlichen Jahren in New York. Das gibt es ja durchaus.

Die Zimmer sind dunkel. Das Fernsehen fällt aus. Man zündet eine Kerze an, um den halbfertigen Braten aus der Röhre zu holen. Weihnachtslieder sind von der Platte nicht mehr zu haben. Man muß selber singen. Man begreift plötzlich, was da einer schreibt in der Bibel: „Das Volk, das im Finstern herumtappt, sieht ein Licht." Ein kleines, versteht sich. Keinen Scheinwerfer. Ein Licht, so flackernd, so vom Erlöschen bedroht wie eben das Licht einer Kerze, aber so warm und so freundlich wie dieses.

Und vielleicht geht uns dabei auf, was uns an Weihnachten zugemutet wird: daß wir selber eine Art Licht werden für unsere Umgebung. Nicht nur Verbraucher von Licht, das in Kilowatt meßbar ist, sondern selber eine Lichtquelle. Weil in uns ein Licht angefangen hat zu leuchten. Man könnte ja, statt zu fragen: Wer bringt mir ein Licht? auch fragen: Wem könnte ich die Welt ein wenig heller machen?

Ich könnte mir denken, wenn uns die kleine Maus das besagte Unheil angerichtet hätte, könnten wir in der Dunkelheit ein Kind in den Arm nehmen und sagen: Du brauchst keine Angst zu haben. Ich bin bei dir. Wir sind beieinander. Und es ist einer bei uns, den wir nicht sehen. Der gibt uns soviel Licht, daß die Angst uns nicht verschlingt.

Das ist der, dessen Geburtstag wir feiern. Der Mann, der in Bethlehem geboren ist. Der sagt: „Fürchte dich nicht!"

Aber ich glaube, die kleine Maus wird uns am Heilgen Abend diesen Gefallen nicht tun. Wir sollten es der kleinen Maus auch nicht wünschen.

Aber das könnten wir vielleicht doch einmal versuchen: die Dunkelheit in uns selbst wahrnehmen. Und nicht dorthin ausweichen, wo die Beleuchtung ist, wo Lichtkaskaden blenden. Sondern die Augen an die Dunkelheit gewöhnen und das Wort hören: „Der Mensch, der im Finstern geht, sieht ein Licht." Und dann mitten in der lichtlosen Wirklichkeit unseres eigenen Herzens ein kleines Licht wahrnehmen. Von einem Tag zum anderen deutlicher. Und wenn Sie es ein paar Tage geübt haben, dann kann sogar der Heilige Abend kommen. Das Licht, das aus Gott kommt.

Wider die Weihnachtsdepression

So allmählich bürgert sich bei uns die Meinung ein, Weihnachten sei ein Fest für Kinder. Früher war es einmal ein Tag für die Großen und die Kleinen zusammen. Heute ist unzähligen Erwachsenen bei diesem Familienfest der Lichter nur noch unbehaglich, und nun feiern sie es, damit es nicht ganz verloren geht, eben notdürftig für die Kinder.

Ich frage mich, warum wir Weihnachten gegenüber so hilflos sind. Warum sich so viele dagegen sträuben, sich vor ihm fürchten oder gar es als Bedrohung empfinden. Von Jahr zu Jahr sagen mehr Menschen, sie litten unter Angst und die staue sich in der Zeit um Weihnachten herum förmlich an. Es gibt bereits eine besondere Krankheit, die man als Weihnachtsdepression bezeichnen könnte.

Die einen sagen: Ich habe Angst vor Weihnachten. Es ist ja alles nicht wahr, was da erzählt wird, aber ich hoffe doch, daß es wahr ist. Wenn es nicht wahr ist, was bleibt mir noch gegen die Angst?

Andere sagen: Ich fliege in den Süden. Was soll ich zuhause und mit einem Lichterbaum? Es fallen mir ja doch pausenlos Gedanken ein, die man nicht brauchen kann und die nur das Gleichgewicht stören. Aber warum, so frage ich, gerät das Gleichgewicht durch Weihnachten so sehr in Gefahr?

Dritte sagen: Das ist etwas für Familien. Ich habe niemand. Und ein Fest feiern, das kann ich mir nicht leisten. Wer fängt mich auf, wenn es vorbei ist? Aber warum stürzt man so ins Leere, wenn es vorbei ist?

Oder vierte sagen: Ja, ein Kind. Eigentlich sollte man wieder so etwas wie ein Kind werden können. Ein neuer Mensch. Aber in mir wird alles nur immer älter, immer verbrauchter. In mir ist nichts mehr.

Was tun? – Es kann Ihnen vielleicht eine Hilfe sein, wenn Sie versuchen, am Fest anderen die Geborgenheit zu geben, die Sie selbst vermissen. Es hat immer Sinn, das Leid, das man selbst am genauesten kennt, bei anderen zu mildern.

Es ist auch auf alle Fälle eine Hilfe, wenn Sie die Lieder und Geschichten der Weihnachtszeit wieder einmal in sich aufnehmen und in sich wirken lassen. Vielleicht sprechen sie doch deutlicher zu Ihnen und vielleicht erleben Sie mitten in Ihrer Einsamkeit doch plötzlich, wie Ihnen einer Ihre Angst abnimmt.

Und eines müssen Sie wissen: Auch früher haben die Menschen Weihnachten trotz allem gefeiert, trotz aller Zweifel und trotz allen Elends. Das Weihnachtslicht war von jeher eine kleine Kerze und kein Scheinwerfer, ein kleines Licht in einer abgründigen Finsternis. Und immer war diese schwache Flamme das Licht der Welt. Für Sie aber käme es darauf an, das kleine Zeichen irgendwo hinzubringen, wo es noch dunkler ist als bei Ihnen selbst.

Vielleicht machen Sie dabei einen Menschen ein wenig glücklicher. Aber vielleicht geschieht auch nichts oder nicht viel. Wir sind keine Erlöser. Wenn im Gefängnis der Angst eine Tür aufgehen soll, muß einer kommen, der mehr Licht und mehr Freiheit bringt als wir. Es muß schon der Mann sein, dessen Geburt wir da feiern. Der Arzt, Helfer, Lehrer, Freund und Bruder der Menschen. Der Bote, der Sohn, der Abglanz Gottes.

Über ihn sagte einer, der lange auf ihn gewartet hatte und ihn nun kommen sah, im Neuen Testament:

Freundlich ist Gott.
Aus der Höhe sendet er ihn, der das Licht ist.
Der wird uns erscheinen, die wir in Finsternis sitzen
und Schatten des Todes
und wird unsere Füße lenken auf den Weg des Friedens.
(Lukas 1,78–79)

Das ist das Beste, was wir einander in den Tagen vor dem Fest sagen können.

Plädoyer für Weihnachten
Am Morgen des 24. Dezember

Ich kann mir denken, daß es bei Ihnen im Augenblick entweder besonders ruhig wird in Ihren vier Wänden oder ganz besonders hektisch. Es sind noch ein paar Stunden bis zum Heiligen Abend, und entweder wird dieser Abend besonders einsam sein oder besonders lebhaft.

Und wenn er lebhaft wird, dann ist jetzt noch die letzte Zeit, in der Sie Geschenke nach Hause tragen und auspacken und neu einpacken in schönes buntes Papier. Das gehört nun einmal zum Heiligen Abend. Und ob Sie und die Ihren mit der heiligen Nacht, von der die Bibel erzählt, noch etwas anfangen können oder nicht, das gehört dazu: das Schenken.

Nun gibt es immer wieder Kulturfeinde, die dem Weihnachtsfest den Schenkrummel übelnehmen. Es ist ja auch nichts leichter, als über das Fest grimmige Witze zu machen. Etwa so: Es ist das Fest der Stille. Das merkt man an den Lautsprechern in den Einkaufsstraßen. Es ist das Fest des Friedens. Man merkt es an den nervösen Menschen zwischen Kaufhäusern und U-Bahnschächten. Es ist das Fest der Liebe. Das merkt man daran, daß keiner mehr Zeit für den anderen hat. Daß jeder am anderen vorbeirennt und gerade noch den Wortfetzen mitnimmt: Fröhliche Weihnachten!

Aber man braucht nicht zu spotten, man kann auch darunter leiden. Von einer Verkäuferin hörte ich: Wissen Sie, wenn man zwei Wochen lang angebrüllt wurde: „Stille Nacht, heilige Nacht“ und dabei von tobenden, rücksichtslosen Menschen fast totgetreten wurde, ist man an Weihnachten fertig.

Oder ein Briefträger: Da schleppt man bis in die Feiertage hinein zentnerweise die Weihnachtspost. Der Absender schreibt sie, weil er meint, er muß, und der Empfänger bekommt sie, obwohl er die Hälfte davon gar nicht will. Alles Briefe und Karten, auf denen steht: Fröhliche Weihnachten!

Und doch: Ich möchte einmal von den Geschenken reden. Als ich ein kleiner Junge war, da hatte ich mit den Erwachsenen so meine Probleme. Die Lehrer mochten mich nicht. Sie erklärten mich für ungezogen. Und zuhause war ich am liebsten allein und träumte an vielem vorbei, was ich hätte tun sollen, und das gab natürlich auch seine Schwierigkeiten. Dann kam Weihnachten. Ich ging in den Keller, um irgend etwas zusammenzunageln, und packte es in buntes Papier ein. Und dann hatte ich einen zaghaften Wunsch: Hoffentlich merken die, was ich damit sagen will, daß ich ihnen da etwas einpacke.

Ich kann mir die Millionen von kleinen Jungen und Mädchen vorstellen, denen es so geht: die ihrer Mutter oder sonst wem irgendetwas schenken und für die alles, aber wirklich alles daran hängt, ob die Mutter merkt, was sie damit sagen wollen.

Da kommt also ein kleiner Junge an. Er ist es gewöhnt, viel gescholten zu werden. Und nun bringt er einen Weihnachtsmann aus Marzipan daher. Wenn wir übersetzen, was er damit ausdrücken will, dann hören wir ihn sagen: Wenn du es auch überhaupt nicht glaubst, ich liebe dich doch. Ich weiß ja, daß du immerfort für mich arbeitest. Aber das möchte ich nicht sagen. Nein, nur zeigen. Irgendwie.

Es liegt ein Dank in dem Weihnachtsmann und eine Bitte: Mach bitte weiter mit mir. Laß mich nicht allein. Gib nicht auf. Ich kann ja gar nicht leben, wenn du mich nicht magst. Ich weiß, daß ich unausstehlich bin. Manchmal. Aber eigentlich möchte ich ja sein, was du immer von mir erwartest: ein lieber und geordneter Junge mit guten Zeugnissen. Daß ich das sein möchte, das sage ich mit meinem Weihnachtsmann.

Und dann hängt alles, das ganze Glück des Fests, daran, daß die Mutter nicht sagt: Um Himmels willen – da hast du aber viel Geld ausgegeben, sondern daß sie das Zeichen versteht und ihren Jungen lang und warm in den Arm nimmt.

Ich stelle mir ein sechzehnjähriges Mädchen vor. – In dem Alter sind die meisten unausstehlich. Mindestens für ihre Mütter. Die Mütter leiden an ihren Töchtern und die Töchter genauso an ihren Müttern. Das ist so und ist wahrscheinlich immer so gewesen. Und vielleicht geht in der Tochter sogar so etwas wie Haß um.

Nun stelle ich mir vor: Sie schenkt ihrer Mutter eine Schachtel Pralinen, vielleicht sogar mit einem Strohstern darauf. Das bedeutet, daß sie sich mit einer ungeheuren Energie überwindet. Und daß sie vielleicht *so* sagt, mit ihrem Päckchen: Wenn es doch noch so wäre wie früher. Schau doch nicht auf das, was jetzt so schwierig ist. Es war doch früher alles einmal so gut. Laß doch das von früher gelten.

Wenn die Mutter überlegt, wie es ihr selber mit fünfzehn oder sechzehn Jahren zumute war, dann weiß sie: In ein paar Jahren kommen wir wieder miteinander zurecht. Es kann doch wieder gut werden. Und sie nimmt das Päckchen als ein schüchternes Zeichen der Hoffnung.

Natürlich kann die Sechzehnjährige es auch tun, weil man es von ihr erwartet. Weil es doch so üblich ist. Aber ist das gar nichts? Etwas tun, was man eigentlich nicht tun will? Auch wer sich nur anpaßt, muß seinen Widerstand erst überwinden.

Ich stelle mir einen Mann in mittleren Jahren vor. Einen fleißigen Schaffer, der seine Arbeit macht und nie viel sagt. Der seine Gefühle so verborgen hält, daß er am Ende selbst meint: Gefühle – das habe er eigentlich gar nicht.

Wenn er nun schenken will, dann geht die Verlegenheit los. Dann geht er an den Schaufenstern entlang und sucht etwas ganz besonders Schönes und Teures, weil er doch irgendwie ausdrücken will, was er nicht sagen kann. Er sieht einen beleuchteten Wohnzimmerbrunnen. Etwas richtig Sinnloses. Aber schön und glitzernd und lebendig, so wie er selber gerne wäre. Er kauft ihn. Und dann erlebt er, wie seine Frau am Heiligen Abend mit offenem Mund davorsteht und sagt – oder mit einer müden Handbewegung ausdrückt: Da hätten wir aber etwas anderes dringender gebraucht.

Der Mann hat das Gefühl, daß er da seine Liebe hineingegeben hat, eine ganze Menge Liebe, daß aber seine Frau eigentlich etwas anderes dringender gebraucht hätte. Da hat er eine ganze Menge einfacher Zuneigung hineingepackt und war darauf angewiesen, daß sie gesehen wird, und sie wurde nicht gesehen. So findet er am Ende, es sei doch besser, überhaupt nichts auszudrücken, weder mit Worten noch mit Zeichen.

Man sagt: Schenken sei eine Kunst. Ich behaupte, die eigentliche Kunst, die mit Weihnachten zu tun hat, sei die, Geschenke anzunehmen. Die Geheimsprache zu entschlüsseln, die darin laut wird, und ihr zu antworten.

Ich stelle mir eine Hausfrau vor, die ihre Schwiegermutter bei sich hat. Die alte Dame ist schwierig. Das kommt vor. Und die junge Frau überlegt sich lange: Was könnte der Mutter vielleicht doch Freude machen? Mit was könnte sie, wenigstens für eine Weile, ihre ewigen Klagen und Nörgeleien überwinden? Etwas Praktisches? Etwas Schönes? Etwas Einfaches? Und nach Wochen des Überlegens packt sie etwas ein und legt es ihr unter den Baum. Was steckt dann drin in dem Päckchen? Mindestens das eine, daß die junge Frau sich lange und viele Gedanken gemacht hat. Ist das nichts? Daß sie sich in die alte Dame hineinversetzt hat. Und vielleicht auch noch so etwas wie eine Bitte: Mach mir doch das Leben nicht gar so schwer. Ich will mir ja Mühe geben.

Denn damit müssen wir immer rechnen, ehe wir das Geschenk wegräumen: daß da eine Botschaft drin ist. Meistens lautet sie so: Ich möchte, daß du mich annimmst. Nicht mein Geschenk, sondern mich. Das Geschenk ist nur ein Signal.

Das hat – Schenkrummel hin oder her – tatsächlich mit Weihnachten zu tun. An diesem Abend feiern wir doch, daß da vor langen Zeiten ein Mensch zur Welt kam, einer wie viele, dem man zunächst einmal nichts ansehen konnte. So wenig wie einem Weihnachtsmann aus Marzipan. Da kam ein Kind zur Welt wie viele, in einer Situation, die an Gewöhnlichkeit nicht zu überbieten ist. In einem Stall.

Als das Kind erwachsen war, als der Mann anfängt, zu reden und zu wirken, da stellt sich heraus, daß in ihm etwas mitgekommen war, das man zunächst nicht merken konnte: eine Botschaft, eine leise Mitteilung, die etwa sagt: Es ist eine Güte im Leben; eine Güte, die den Namen „Gott" trägt. Die kommt in der Gestalt dieses Menschen zu dir.

Und da geht es wie bei dem Jungen mit seinem Weihnachtsmann aus Marzipan und dem Mann mit seinem Wohnzimmerspringbrunnen, mit dem Mädchen und der Frau: Es kommt darauf an, daß wir etwas leise Gesagtes hören und das eigentliche Geschenk im Geschenk annehmen: eine Nähe; ein Wort; eine Freundlichkeit; ein Licht; eine zuverlässige Güte und Zuneigung.

Man muß die Sprache der Geschenke verstehen, wenn man von dem Mann etwas verstehen will, dessen Geburt wir feiern. Ich wünsche Ihnen, daß Ihnen dieser Tag das bringt. Daß Sie Freude finden an dem, was nicht gleich sichtbar ist. Am Eigentlichen. An der Liebe der Menschen und der Liebe Gottes.

An Weihnachten allein

Die Weihnachtsvorbereitungen gehen allmählich in die letzte Runde. Es werden wohl einige hunderttausend Zimmer in dieser Stadt sein, in denen jetzt die Christbäume aufgestellt und behängt werden, und die Geschenktische davorgestellt. Es ist immer noch, obwohl immer weniger Menschen mit dem Anlaß des Festes etwas anfangen können, das Fest der Mütter und der Kinder wie vor hundert Jahren schon, und das Fest der Väter, die die Eisenbahn für den kleinen Sohn, vor allem aber für sich selbst aufbauen.

Aber ich denke im Augenblick weniger an die Leute, denen es so gut geht. Nein, ich denke an die, für die unser normales Familienweihnachten nichts bringt. Ich habe viele Stimmen in letzter Zeit gehört.

Etwa so: Fröhliche Weihnachten – das ist doch dummes Zeug. Worüber soll man denn da fröhlich sein? Mit mir feiert keiner.

Oder: Da feiern sie wieder die heile Familie. Ich bin froh, daß ich meine Familie endlich losgeworden bin.

Oder: Da feiern sie das Kind von Bethlehem. Mir sind meine Kinder längst weggelaufen.

Oder: Das Fest der Kinder. Was kann ich dafür, daß ich keine Kinder habe?

Oder: Da sagen sie, das sei etwas für das Kind in mir selber. Aber das Kind in mir – das haben sie längst totgetrampelt. Da lebt nichts mehr.

Oder: Ja, wenn mein Mann noch lebte. Dann wäre Weihnachten.

Ich denke daran, daß es in dieser Stadt und ihrer Umgebung sicher etliche hunderttausend Menschen gibt, für die das Bild einer feiernden Familie einfach nicht paßt.

Ich denke an die Leute, die sich selbst alle Kontakte mit anderen Menschen kaputtgemacht haben und nun mit allen verfeindet und verkracht sind. Nicht, weil sie es so gewollt hätten, sondern weil sie es seelisch nicht schaffen, mit anderen zusammenzuleben.

Ich denke an die vielen, sehr vielen, die ihren Partner verloren – oder auch: ihn verlassen haben.

Ich denke an die, die krank und allein in ihren Wohnungen liegen – oder auch in den Kliniken. Eine Klinik wird ja nicht zum Familienbetrieb dadurch, daß man ein paar Kerzen anzündet.

Ich denke an die Alten, die allein ihren Erinnerungen nachhängen.

Ich denke also an die, die heute abend allein sein werden, und wenn es Ihnen auch so geht, dann möchte ich Ihnen ein paar Gedanken dazu sagen.

Wer allein ist, der ist entweder stark und bewältigt auch einen solchen Abend. Oder er leidet an seiner Einsamkeit, dann leidet er heute abend noch mehr als sonst. Oder er ist durch seine Einsamkeit gefährdet, und ist an einem solchen Abend noch gefährdeter als sonst.

Eigentlich ist es merkwürdig, daß Weihnachten so sehr zu einem Fest für Kinder geworden ist. Das ist eigentlich erst seit gut hundertfünfzig Jahren so. Früher, als man noch deutlicher wußte, was Weihnachten eigentlich bedeutet, war es einmal das Fest, an dem Gott in einem Menschen erschien. Das Fest, an dem der verlassene Mensch seinem Glauben Ausdruck gab, Gott sei nahe bei ihm und dieser Gott meine es gut mit ihm. Das hat mit dem Geglitzer von Glaskugeln, mit Lametta und Gänsebraten nicht viel zu tun.

Aber was sollen nun die unter uns, die heute abend allein sind, tun? Wie können sie den Abend verbringen?

So tun, als wäre es ein normaler Abend, das geht schlecht. Es ist eben kein normaler Abend.

Seinen Erinnerungen nachhängen, das kann gefährlich werden. Mancher ertrinkt dabei in seinen Depressionen.

Sich betrinken. Lieber nicht. Das löst nichts.

Vor sich hintrauern. Das geht. Aber es geht nicht fünf Stunden lang.

In eine Kneipe gehen. Das ist schon besser. Manche haben ja offen heute abend. Ich habe überhaupt den Eindruck, daß die Kneipen, die Restaurants, die Cafés um so wichtiger werden, je mehr die Einsamkeit unter den Menschen zunimmt. Viele finden nur dort noch andere Menschen, finden nur dort noch ein bißchen Gemeinschaft und ein bißchen Feststimmung.

Und wenn Sie Gastwirt sind oder Wirtin oder Bedienung: Wahrscheinlich haben Sie heute abend eine ernsthafte und christliche Aufgabe an einigen Leuten, die an Ihrem Tresen stehen oder an Ihren Tischen sitzen. Mancher weint sich heute nur noch bei seiner Wirtin aus. Mancher findet nur noch in einem Gasthaus den Mut, sich auszusprechen. Mancher Wirt ist heute zwar vielleicht nicht Seelenarzt, aber doch so etwas wie ein Seelensanitäter an irgendwelchen Leuten, die der Heilige Abend sonst umbringen würde.

Ich denke übrigens auch an die hunderttausend Menschen in dieser Stadt, die mit Weihnachten deshalb nichts anfangen können, weil sie nicht aus einem christlichen Land stammen. Was geht einen Moslem aus der Türkei Weihnachten an? Oder einen Juden? Alle Feste machen den Außenseiter noch einsamer, als er ohnedies ist. Vielleicht sitzen Sie heute abend zufällig einem Türken gegenüber und erzählen ihm ein wenig, was das mit Weihnachten bedeutet. Es gibt für einen einsamen Menschen nichts Besseres, als daß er einem anderen Einsamen sein Schicksal ein wenig leichter macht.

Aber noch einmal: Was soll man heute abend tun, wenn man allein ist? Vor allem: nicht planlos in einen solchen Abend hineinschlittern. Man muß auch mit dem Kind, das man in sich selbst hat, spielen können.

Man muß auch für sich selbst einen festlichen Tisch decken können, sonst vergammelt irgendetwas in einem selber.

Man kann an einem solchen Abend ein paar Briefe schreiben, in denen man sich ausspricht. Man kann das Buch, das schon lange daliegt, einmal hernehmen und lesen. Manches Buch eignet sich auch für den heiligen Abend.

Man kann bei Freunden und Verwandten herumdenken, von einem zum anderen. Was wünsche ich ihnen für diesen Abend? Für das neue Jahr? Ich meine, über Erfolg und Wohlergehen hinaus?

Man kann an die Heimgegangenen denken. Sich erinnern. Bilder anschauen. Alte Briefe lesen.

Vielleicht kann man dem Heiligen Abend doch auch allein ein wenig auf die Spur kommen. Man könnte ja auch einmal in der Bibel nachlesen, was wir da feiern, etwa das zweite Kapitel im Lukasevangelium, wo vom Kind von Bethlehem und von den Hirten die Rede ist.

Man könnte auch eines der Weihnachtslieder aus dem Gesangbuch lesen – sie stehen ganz am Anfang – das Lied zum Beispiel: „Fröhlich soll mein Herze springen“ oder: „Ich steh an deiner Krippe hier“.

Vielleicht auch könnte man mit der Kirche einmal einen Versuch machen. Am frühen Abend oder auch spät in der Nacht. Vielleicht hören sie zwischen manchem, was Ihnen nicht liegt, doch auch den einen oder anderen Ton, der in Ihnen ein Echo findet. Und dazu brauchen Sie keine Familie.

Denn das Eigentliche, das an Weihnachten geschehen soll, betrifft den Einzelnen. Eine Geburt ist ein Anfang. Und die Weihnachtsgeschichte sagt: Dieser Anfang soll in dem einzelnen Menschen geschehen. Das Kind soll in dem einzelnen Menschen zur Welt kommen. Der neue Mensch, der wirkliche Mensch.

Dafür sind der Stall und die Krippe und die Hirten von Bethlehem nur die Gleichnisse, die Bilder. In uns, sagt Weihnachten, muß der Mensch entstehen, der so ist, wie Gott uns gemeint hat. Der erwachsene Mann Jesus gibt die Anleitung dazu. Und das Kind von Bethlehem zeigt den Anfang.

Und da gibt es dieses grandiose Bild: Wie da ein paar einsame, verlassene Menschen unter dem nächtlichen Himmel wach sind und wie gerade sie die Erfahrung machen, daß da etwas Unerwartetes in ihnen und für sie geschieht.

Es bringt schon etwas, sich einmal eine Stunde lang mit den Hirten von Bethlehem zusammenzusehen, zu denen ein Engel spricht. Oder mit den Weisen aus dem Morgenland, den Menschen also, die einsam durch die Wüste einem Stern nachgehen. Oder mit Maria, die ein Kind im Arm hat.

Man redet heute so viel davon, man müsse meditieren. Hier ist ein uralter und unglaublich hilfreicher Stoff dafür. Denn der Heilige Abend, wenn wir gut zuhören, was er meint, sagt: Es kann noch etwas aus uns werden. Wir sind nicht fertig. Wir sind nicht kaputt. Wir sind noch zu etwas bestimmt. Wir haben noch einen Weg vor uns. Wir können noch ein Ziel erreichen, um das es sich lohnt. Wir brauchen nur die Tatsache anzunehmen, daß Gott – was immer wir uns darunter vorstellen – nahe da ist, so nahe, wie wir uns selbst sind.

Nun habe ich die ganze Zeit über von denen geredet, die heute abend allein sind. Was ich am Schluß gesagt habe, das mit dem Anfang in uns selbst, das gilt natürlich auch für die anderen.

Ich wünsche Ihnen jedenfalls was. Den glücklichen Familien einen fröhlichen Abend. Denen, die unter Erwachsenen feiern, ein lohnendes Gespräch. Und den Einsamen die Erfahrung, daß Weihnachten, wenn es wirklich seinen Sinn erfüllt, in uns selbst stattfindet. Zwischen uns und dem Gott, der uns nahe ist. Und bis dahin nicht so viel Hektik. Es geht auch so.

In jedem Anfang kommt uns Gott nahe

Durch diese Tage begleiten uns wieder die schönen Bilder: ein warmer Stall, ein Kinderbett in Form einer Krippe, eine Mutter und ihr Kind. Ochs und Esel. Und dabei der immer wiederkehrende Wunsch: Fröhliche Weihnachten! Im Ernst: Was kann das noch für uns bedeuten über einige romantische Erinnerungen an unsere Kindheit hinaus, über unsere Sehnsucht hinaus, so möchten wir wieder einmal geborgen und behütet sein? Denn diese Welt der schönen Bilder ist uns fremd geworden. Häuser und Familien geben kaum noch Schutz. Fast schon ist es gleichgültig, wohin es uns verschlägt. Selten findet uns ein Wort. Selten sprechen wir aus, was uns wirklich angeht.

Aber die Weihnachtsgeschichte redet zunächst nicht von unserer Seele, sondern von einem kleinen Land, das alle paar Jahre ein Krieg überzieht. In dem eine brutale Besatzungsmacht die Menschen ausbeutet. In dem Hinrichtungen tägliche brutale Wirklichkeit sind. Und Maria und Josef sind nach Bethlehem unterwegs in der Angst vor den Gewalttaten und Folterungen, die mit einer Steuerschätzung verbunden waren. Zwei Jahre später lebt die junge Familie im Asyl in Ägypten. Während der Geburt in einem Stall sind nur die heimatlosen Nomaden, die wir Hirten nennen, in der Nähe und der Herrscher, der ein Gewohnheitsmassenmörder ist. Und das Ende nach dreißig Jahren: der Galgen. Weihnachten hat mit Stimmung fast nichts zu tun.

Ein Menschenschicksal ist angesagt. Hier beginnt ein Weg, sagt die Geschichte. Hier und danach als erwachsener Mann setzt einer einen Anfang. Für ihn kämpft er. Für ihn leidet er. Ein Mensch, der auf eigene Gefahr liebt. Und wir feiern seinen Geburtstag, weil wir ahnen, daß wir ihm auf irgendeine Weise ähnlich werden sollten.

Als ein Anwalt der Unterschicht geht er durchs Land. Als ein Kämpfer für Gerechtigkeit. Als ein Arzt, der die Menschen an Leib und Seele heilt. Er zeigt, wie Frieden entsteht. Wie die Menschenwelt sinnvoll geordnet werden könnte. Er weckt Vertrauen in die Zukunft und nennt sie „Reich

Gottes". Und er übt sie mit seinen Zuhörern ein, indem er von der Güte spricht, die auf Gewalt verzichtet. Und diese Zuversicht gründet für ihn nicht in der Hoffnung, daß alles schon irgendwie gut ausgehen werde, sondern auf der Überzeugung, daß etwas Sinn haben könne, unabhängig davon, wie es ausgeht.

Alles ist voll neuer Anfänge, sagt er. Und in jedem Anfang kommt uns Gott nahe. Willst du wissen, wer Gott ist? Er ist nicht der, der im Himmel auf einem goldenen Thron sitzt. Er ist dir sehr nah. Er ist ständig auf dem Weg in unsere Welt herein. Gott hat teil auch am Leiden unter der Zerstörungskraft des Bösen. Unter den Erniedrigungen, denen die Menschenseele ausgesetzt ist. So teilt der Unbedrohte die Gefahr mit den Gefährdeten. Ein Mensch aber, der das weiß, kann frei werden, unabhängig, gelassen. Fähig, sein Schicksal mit Gott zusammen zu übernehmen und es bis ans Ende durchzustehen. Er wird also mit seiner ganzen Freiheit tun, was Gott tat, als er sich in Jesus Christus ein menschliches Gesicht gab. Er wird eingehen in die Bedingungen des menschlichen Daseins. Er soll nicht in irgendwelche Träumerein oder geistige Welten davonfliegen. Er soll sich, wie wir sagen, „inkarnieren", das heißt eingehen in die Enge und Schwere des irdischen Daseins.

Die Geschichte von der Geburt des Kindes in Bethlehem sagt uns: Du bist auf diese Erde gesandt. Geh nun diesen Weg auf der Erde, achte auf Gottes Willen, achte auf seine Führung, auf die Zeichen, die er dir gibt. Der dich gesandt hat, ist da. Er führt dich. Er begleitet dich mit dem Gesicht eines Bruders. Er stützt dich. Er zeigt dir den Weg. Er empfängt dich am Ende. Und er führt dich weiter, ohne Aufhören. Unendlich. Und das bedeutet: Du bist nicht irgend jemand. Du bist nicht ein austauschbares, entbehrliches Teil der Masse Mensch. Du bist der, den Gott besucht. Du bist die Erde, über der der Stern steht. Bleibe also nicht stehen. Geh dem Stern nach, wie es die „Weisen aus dem Morgenland" taten. Gib nicht auf. Geh unbeirrt, wohin dich dein Glaube führt. Wichtig ist allein, daß du die Stimme hörst, die dir sagt: Komm und geh mit. Wenn du die Kraft hast, dann gib sie weiter. Wenn du den Frieden hast, dann breite den Frieden aus.

Wenn du eine Hoffnung siehst, dann setze sie dem erbarmungslosen Gesetz von Rache und Gewalt entgegen.

Ich persönlich meine, das Leben sei schwer genug, und möchte mir den Luxus nicht leisten, alles von meinen Kräften zu erwarten. Ich meine, es sei genug Verwirrung unter den Menschen, und möchte auf die Klarheit nicht verzichten, die mir der Glaube gibt. Ich meine auch, es sei wichtig, einen Verbündeten zu haben wie Jesus Christus, wenn es in dieser Welt um Gerechtigkeit gehen soll. Und hier liegt, wenn man mich fragt, der Grund, warum das Weihnachtsfest mich nach über siebzig Jahren noch berührt. Ich feiere es nicht mehr wie in Kindertagen, sondern mit den Erfahrungen eines alten Menschen, und ich meine, es habe mir immer noch das Wichtigste zu sagen, das mir irgendwer auf dieser Erde zu sagen hat.

zum guten Schluß

Was ein alter Karrengaul wissen darf

Wenn einer alt wird, dann werden die Gedanken, die ihm im Kopf herumgehen, ein wenig anders, vielleicht gehen sie überhaupt anders herum. Es kommt bei jedem Gedanken das kleine Wort „noch“ hinzu. Was hat jetzt noch Sinn? Was muß jetzt sich noch ändern in mir? Wofür willst du deine verbleibende Kraft noch einsetzen? Wofür oder für wen hat dein Leben jetzt noch einen Wert?

Es sind, stärker als früher, auch einige Gedanken dabei, die in der Vergangenheit spielen: Wie bist du mit deinem Lebensauftrag zurechtgekommen? Kannst du mit dem, was war, am Ende bestehen?

Und man begreift tiefer als in früheren Jahren, was man eigentlich immer gewußt hat: daß man bei aller Bemühung der bleibt, der man immer gewesen ist. Und es beginnt ein alter Satz wichtig zu werden, den man immer gekannt hat, der aber über die Wichtigkeit einer dogmatischen Behauptung nie hinausgekommen war: daß Gott mit meinem Leben einverstanden ist, allein deswegen, weil er mich liebt, und nicht deswegen, weil ich so liebenswert bin. Daß, sagt das Evangelium, ich gerechtfertigt werde ohne des Gesetzes Werke allein durch den Glauben und allein aufgrund der Gnade. Dieser in so viel christliches Chinesisch verpackte Satz ist am Ende das, was zählt. Das, was wichtig ist. Die Liebe Gottes, die mir zugesagt ist und die sich in der Liebe zwischen anderen Menschen und mir spiegeln will. Alles andere kann ich fallenlassen, stehenlassen, liegenlassen.

Das ist das Evangelium. Es ist so einfach, daß man sich fast scheut, es als den Sinn und das Ziel eines langen Lebens in Worte zu fassen. Man konnte das schon während seines ganzen Lebens wissen. Aber in seinen späteren

Jahren weiß man, daß es so ist. Und daß deshalb auch die späten Jahre in einem Leben erfüllt und sinnvoll sind und daß sie nicht ohne Glück und Fröhlichkeit verlaufen müssen.

Was tut man dann, wenn es so ist, mit sich selbst? Ich soll mich, sagt Jesus, nicht gar so wichtig nehmen. Wer sich selbst nicht wichtig nimmt, hat jenen Überfluß an Kraft, den wir die Liebe nennen. Der große islamische Mystiker Mansur al Halladsch, sagt: „Dieses mein Ich stellt sich, o Gott, zwischen dich und mich. Entferne, o Gott, in deiner Güte dieses Ich aus unserer Mitte."

Und wir können hinzufügen: Dieses Ich stellt sich zwischen mich und die Menschen, mit denen ich verbunden bin. Entferne, o Gott, in deiner Güte dieses Ich aus der Mitte zwischen mir und den Menschen, die mir zugehören. Wenn dies gelingt, dann ist mein Leben gelungen und kann im Frieden abgeschlossen und verabschiedet werden.

Johannes Tauler hat vor sechshundert Jahren ein Wort gesagt, das mich seit vielen Jahren immer wieder getröstet hat:

Das Pferd macht den Mist im Stalle,
und obgleich der Mist einen Unflat
und Stank an sich hat,
so zieht dasselbe Pferd
doch den Mist mit großer Mühe
auf das Feld,
und dann wächst daraus edler,
schöner Weizen
und der edle, süße Wein,
der nimmer so wüchse,
wäre der Mist nicht da.
Also trage deinen Mist
– das sind deine eigenen Gebrechen,
die du nicht abtun
und ablegen noch überwinden kannst –

mit Müh und mit Fleiß
auf den Acker
des liebreichen Willens Gottes
und sieh deinen eigenen Zustand mit Gelassenheit.

Wenn ich nun mitdenken soll, mit was für Gedanken ein alter Karrengaul seinen Mist auf den Acker des liebreichen Willens Gottes zieht, dann kann ich, was das Evangelium meint, etwa so beschreiben.

Ich soll wenig von aller Leistung halten, der eigenen vor allem, und lächeln über den Stolz, der nicht loslassen will, ich soll mich nicht überschätzen. Man empfängt im Lauf seines Lebens viel mehr, als man gibt. Und was man ist, ist man viel weniger durch eigenes Zutun als durch andere geworden. Für alles danken. So meidet man die Bitterkeit. Verzeihen, ohne Aufheben davon zu machen. So gibt man immer mehr Raum. Immer weniger mit Gewalt tun und immer mehr mit Geduld. Immer weniger hassen und ablehnen. Sich an immer mehr mitfreuen. Am Ende immer weniger fordern und immer weniger verweigern. Das könnte dem alten Gaul durch den Kopf gehen.

Gegen niemand einen Vorwurf festhalten. Niemand anklagen für vergangene Dinge. Von niemandem Dankbarkeit fordern. Von niemand denken, er sei ein Gegner oder ein Feind. Allabendlich allen Streit beenden. Nichts über die Nacht weiterschleppen. Die Zeit ist kurz. Nichts Ungeordnetes durch die Tage ziehen. Die Zeit ist kostbar. Möglichst von nichts wünschen, es möchte vorbei sein. Das Leben kommt nicht später. Es ist jetzt. Von nichts wünschen, daß es zurückkommt. Es ist gewesen, und nur seine Spuren sind wichtig. Auf die Uhr achten, die in uns läuft. Sie weiß, wann unsere Aufgaben erfüllt sind.

Mit seinem Schicksal in Frieden leben. Anklagen und Vorwürfe führen zu nichts. Den Tod weder wünschen noch verdrängen. Er kommt ganz von selbst, wenn es Zeit ist. Auf Gottes Handzeichen achten. Und mitgehen. Wohin will man sonst gehen am Ende seiner Zeit?

Und was tun mit dem, was nicht gut war? Mit dem Mißlungenen. Mißratenen. Mißgetanen. Mißgesagten? Was tun mit den langen Stunden, in denen wir daran herumdenken? Da gibt es wieder ein Wort, das in der christlichen Sprache durch lange Zeiten aufgebraucht worden ist und kaum mehr verständlich. Das Wort „Vergebung".

Es spricht davon, die kranken Beziehungen zwischen uns und den Menschen und die zwischen Gott und uns könnten geheilt werden. Es sei nie zu spät für neue Anfänge, die die Liebe setzt. Die Liebe Gottes und die Liebe, mit der wir einander zugetan sind.

Und das darf der alte Karrengaul wissen: Was immer mir und den anderen Gäulen widerfährt: Es läuft eine Linie durch unsere Jahre, gezeichnet von einer wissenden Hand. Es geschieht nichts „einfach so".

Was um mich her geschieht, redet zu mir. Was ich erfahre, will mich ändern. Was mir begegnet, ist ein Geschenk.

Alle Wahrheit, die ich verstehe, alle Lebenskraft, alle Liebe, die ich empfange, hat mir einer zugedacht.

Alles, was mir einfällt, fällt irgendwoher ein und meint mich. Alles, was mir zufällt, was man Zufall nennt, fällt mir zu. Was mir schwer aufliegt, ist mir auferlegt von einer Hand, von der ich weiß, daß sie weiß.

Vielleicht denkt es im Kopf des Pferdes auf seiner Straße zum Acker auch etwa so: Ich soll mich fügen. Vor allem wir Alten, so sagt man, sollen lernen, uns zu fügen. Gut, nur in wen oder was? Und was soll sich fügen? Das Wort hat ja einen merkwürdigen Doppelsinn: Ich empfinde mich „ungefügt". Es stimmt in mir noch lange nicht eins zum andern. Was ich denke, paßt nicht zu dem, was ich glaube. Was ich sage, paßt nicht zu dem, was man mir ansieht. Nun soll ich mich fügen, etwa in den Willen Gottes – und erlebe dabei, daß sich in mir etwas fügt.

Oder noch einmal ein solches Doppelspiel der Worte. Ich möchte mich verlassen auf die Weisheit Gottes, die in meinem Schicksal am Werk ist. Und wenn das richtig ist, dann kann ich von mir weggehen, aus mir heraus, wie einer sein Haus verläßt. Und wenn ich mein sicheres Haus verlasse, dann kann ich mich auf einen verläßlichen Grund stellen. Und auf dem Boden des Verläßlichen finde ich die Gelassenheit, von der die Weisen aller Zeiten gesprochen haben. Gelassenheit ist eine Art freundlicher Unabhängigkeit und Bescheidenheit zugleich. Und so bekommt das Pferd plötzlich einen fröhlichen Gesichtsausdruck.

Und wie wird es am Ende zurückblicken, wenn es nicht mehr kann? Es gibt ein schönes und wichtiges Wort, das unsere Voreltern gebrauchten, wenn sie ein gutes Abschiednehmen meinten. Sie sagten: Er oder sie „segnet das Zeitliche". Der Sinn dieses Wortes ist uns verlorengegangen mit viel anderem, das kostbar gewesen ist.

Segen ist die Kraft, die Fruchtbarkeit bewirkt, Wachstum und Gedeihen. Segnen heißt das Leben fördern und bejahen. So segnet der Abschiednehmende sein vergehendes Leben. Er segnet das Zeitliche und alles, was er geliebt hat. Und das können wir alle.

Er schaut alles noch einmal dankbar und freundlich an. Er wendet seine abnehmenden Kräfte den Zurückbleibenden zu und gibt ihnen seine Liebe mit auf ihren weiteren Weg. Er gönnt ihnen ihre weitere Zeit. Er wünscht ihnen Glück. Er vertraut sie der Güte Gottes an.

So schließt er sein Leben ab. Und wird dabei zuletzt noch das Schönste, das er werden kann: ein Mensch, von dem Segen ausgeht.

Glauben aber heißt hören, wie das Leben als ein feiner und ferner Ton in der Stille ausklingt. In jener Stille, aus der sich am Ende die reine Musik jener andern Welt, der ewigen Wirklichkeit, erhebt.

Auskünfte
zum Autor und zu diesem Buch

Jörg Zink wurde am 22. November 1922 auf einem christlichen Bruderhof, dem Habertshof bei Schlüchtern, geboren, als Sohn des Gründers Max Zink. Nach dem Tode seiner Eltern aufgewachsen in Ulm. Kriegsteilnehmer als Flieger. Nach Krieg und Gefangenschaft Studium der Philosophie, später der Theologie in Tübingen. Zu seinen Lehrern zählen Eduard Spranger und Romano Guardini. 1951 Vikar in Stuttgart, 1952 bis 1955 Lehrbeauftragter am Evangelischen Stift in Tübingen. 1955 Promotion zum Dr. theol. 1955 bis 1957 Pfarrer und Jugendpfarrer in Esslingen. 1957 bis 1961 Direktor des Burckhardthauses in Gelnhausen, der damaligen Zentralstelle der Evangelisch-Weiblichen Jugend in Deutschland. 1961 bis 1980 Fernsehbeauftragter der Evangelischen Landeskirche in Württemberg beim Süddeutschen Rundfunk Stuttgart (SDR). In diesen Jahren mehrfache Reisen in den Orient; Produktion von Filmen; Veröffentlichung von Büchern und Bibelübersetzungen; breitgefächerte Vortrags- und publizistische Tätigkeit in Funk, Fernsehen und Presse; Mitbegründung und Leitung der Jugendfarm Haldenwiese in Stuttgart. 1980 Beurlaubung aus dem Dienst der Kirche. Seither als freier Schriftsteller tätig. Jörg Zink hat sich in der Friedens- und Ökologiebewegung engagiert. In seinen Erinnerungen „Sieh nach den Sternen – gib acht auf die Gassen“ (Kreuz Verlag, Stuttgart 1992) blickt er zurück auf seinen äußeren und inneren Lebensweg: was ihn geprägt und welche Motive ihn geleitet haben.

Jörg Zink ist der Arbeit des Verlag am Eschbach seit dessen Gründung 1980 durch 25 Eschbacher Geschenkhefte aus seiner Feder, 14 Bücher und die 24-bändige DiaBücherei Christliche Kunst (1981–1988) eng verbunden. Zu seinem 80. Geburtstag am 22. November 2002 gratulieren wir dem Freund und Autor mit drei Veröffentlichungen. Wir haben sie mit Texten, die er uns anvertraut hat, gestaltet:

– Eschbacher Adventskalender *Türen zum Fest*
– Geschenkheft *Ich kann vertrauen – Gedanken zum Segen*
– Spirituelles Lesebuch *Dem Herzen nahe.*

Das Lesebuch *Dem Herzen nahe* versammelt zumeist bisher nicht zugängliche Kostbarkeiten aus dem Schaffen von Jörg Zink. In kurzen, präzisen, feinfühligen Worten zum Tagesbeginn, zu Sonntagen und Festen des Jahres, zu Lebensthemen und Zeitfragen ist es ihm stets neu gelungen, dem Herzen einer großen Hörerschaft nahezukommen.

Überwiegend aus diesen durch Jahrzehnte hin für Rundfunk oder Fernsehen geschaffenen Texten hat Martin Schmeisser, Verlag am Eschbach, die vorliegende Auswahl getroffen. Die Texte wurden – dem Jahreslauf entlang – vom Herausgeber in sechs Kapitel gegliedert, mit Überschriften versehen und gelegentlich redaktionell behutsam bearbeitet.

Die nachstehende Übersicht gibt darüber Auskunft, zu welchen Anlässen Jörg Zink die Texte geschrieben und gesprochen hat.

Das Jahr begrüßen

S. 7 *Geh mit Vertrauen über die Schwelle:* Biblische Besinnung, entstanden 1981. – **S. 9** *Was ich Ihnen zum neuen Jahr wünsche:* Wort zum Jahresbeginn, Erstes Deutsches Fernsehen, 1.1.1986. – **S. 11** *Wo das Glück beginnt:* Wort zum Sonntag, 11.1.1986. – **S. 13** *Innere Inventur:* Wort zum Sonntag, 15.1.1966.

Den Tag bestehen

S. 15 *Die Eiligen und die Gelassenen,* **S. 17** *Ich sehe dich,* **S. 19** *Über der Zeitung beten,* **S. 21** *Geh in den Frieden,* **S. 23** *Wende dein Gesicht der Sonne zu,* **S. 25** *Gelassenheit gewinnen:* Wort für den Tag, Sender Freies Berlin (SFB), 22.–24.9.1975 (S. 15, 17, 19), 9.5.1974 (S. 21), 26. und 27.9.1975 (S. 23, 25). – **S. 28** *Schlafen und wachen:* Wort zum Sonntag, 9.11.1985.

Mitgehen

S. 31 *Es mit dem Leben aufnehmen:* Wort zum Sonntag, 16.2.1980. – **S. 33** *Sich leicht nehmen:* Wort zum Sonntag, 13.3.1965. – **S. 35** *Sechs Wegweisungen:* Wort für den Tag, SFB, 28.6.–3.7.1976. – **S. 50** *Komm, geh mit!:* Wort zum Sonntag, 20.2.1988. – **S. 51** *Angst ablegen:* Wort zum Sonntag, 1.3.1980. – **S. 53** *Es gefällt Gott, in der Nacht zu kommen:* Wort zum Sonntag, 11.3.1972. – **S. 55** *Die Hand hinhalten:* Wort zum Sonntag, 10.4.1965. – **S. 57** *Ostern – Auferstehung:* Wort zum Sonntag, 18.4.1987. – **S. 59** *Ostergelächter:* Wort zum Sonntag, 3.5.1969.

Achtsam leben

S. 62 *Liebe zur Erde:* Wort für den Tag, SFB, 16.11.1979. – **S. 64** *Arbeiten und ruhen:* Evangelische Morgenfeier, Südwestfunk (SWF), 1.5.1980 (Auszug). – **S. 69** *Ein Kaktus statt Blumen:* Wort zum Sonntag, 9.5.1964. – **S. 71** *Nie weiter entfernt als ein Gebet weit:* Wort zum Tag, Erstes Deutsches Fernsehen, 23.5.1968 (Christi Himmelfahrt). – **S. 74** *Sorgfalt üben:* Wort für den Tag SFB, 25.9.1975. – **S. 76** *Umkehr hat Sinn:* Akzent zum Bußtag, Erstes Deutsches Fernsehen, 21.11.1979. – **S. 81** *„Und hätte keine Liebe...“:* entstanden 1996.

Über Grenzen hinausdenken

S. 85 *Über Sterben, Tod und was danach kommt:* Worte zum Tag, Österreichischer Rundfunk Wien, November 1997. – **S. 90** *Vom Sinn des Trauerns:* Wort zum Sonntag, 2.11.1984. – **S. 92** *Den Tod vor Augen:* Wort zum Sonntag, 12.11.1977. – **S. 94** *Hinübersehen:* Wort zum Sonntag, 25.11.1978.

Einem neuen Anfang trauen

S. 96 *In dir will etwas wachsen:* Wort zum Sonntag, 1.12.1984. – **S. 97** *Was fällt Ihnen zu „Weihnachten“ ein?:* Wort für den Tag, SFB, 9.-13.12.1980. – **S. 107** *Wider die Weihnachtsdepression:* Wort zum Sonntag, 20.12.1975. – **S. 109** *Plädoyer für Weihnachten:* SFB, Kirchenfunk, 24.12.1979. – **S. 113** *An Weihnachten allein:* SFB, Kirchenfunk, 24.12.1980. – **S. 118** *In jedem Anfang kommt uns Gott nahe:* Beitrag für das Hamburger Abendblatt, 24.12.1994.

Zum guten Schluß

S. 121 *Was ein alter Karrengaul wissen darf:* Ansprache bei der Feier zum 75. Geburtstag von Jörg Zink in der Sonnenbergkirche, Stuttgart, 22.11.1997 (Auszug).